高职高专经济管理类专业规划教材

企业经营沙盘模拟实训教程

主　编　王建平　伍玉华

電子工業出版社
Publishing House of Electronics Industry
北京·BEIJING

内容简介

“企业经营沙盘模拟实训教程”是在结合我院教师团队多年沙盘教学和指导学生参加全国沙盘大赛经验的基础上，汲取国内外管理咨询公司、培训机构的管理技能训练课程的精髓而形成的一本教材。“企业经营沙盘模拟实训教程”面市以来，由于其课程本身的直观性、趣味性、对抗性等特点和其体验式的教学方法获得广大企业管理培训者、高校师生的认可，成为继传统教学与案例教学之后的一种新的教学尝试，对于提升学员的管理知识、管理技能、思维方式具有较好的作用。

本书共分为4个章节，主要介绍基础管理知识、沙盘模拟基础，如何进行沙盘模拟经营、经营过程中的竞争策略分析，以及沙盘大赛经典战例。通过这些内容的学习让学员感悟管理规律，体验决策过程。另外附录中给出了企业经营沙盘模拟要用到的学员经营过程记录表、市场预测、教学用表等。该课程可作为ERP实训的先导课程。

本书适合于作为高等职业院校、成人高校经济管理类专业的通用基础课教材，也可以作为高等院校非经济管理类专业选修管理学实训的辅助教材，还可供相关人士阅读参考。

图书在版编目（CIP）数据

企业经营沙盘模拟实训教程 / 王建平，伍玉华主编. —北京：电子工业出版社，2017.1
ISBN 978-7-121-30094-3

Ⅰ. ①企…　Ⅱ. ①王…　②伍…　Ⅲ. ①企业管理—计算机管理系统—高等职业教育—教材
Ⅳ. ①F270.7

中国版本图书馆CIP数据核字（2016）第247054号

策划编辑：贺志洪
责任编辑：贺志洪　李　静　　特约编辑：杨　丽　徐　堃
印　　刷：北京七彩京通数码快印有限公司
装　　订：北京七彩京通数码快印有限公司
出版发行：电子工业出版社
　　　　　北京市海淀区万寿路173信箱　邮编　100036
开　　本：787×1092　1/16　　印张：7.75　　字数：198.4千字
版　　次：2017年1月第1版
印　　次：2018年11月第3次印刷
定　　价：22.00元

凡所购买电子工业出版社图书有缺损问题，请向购买书店调换。若书店售缺，请与本社发行部联系，联系及邮购电话：（010）88254888，88258888。
质量投诉请发邮件至zlts@phei.com.cn，盗版侵权举报请发邮件至dbqq@phei.com.cn。
本书咨询联系方式：（010）88254609或hzh@phei.com.cn。

前言

1954 年，现代管理学之父彼德·德鲁克在其划时代的著作《管理的实践》中指出，无论就经济或社会发展而言，美国都居于领先地位，如果美国要避免走下坡路，只有提高管理能力和持续改善管理绩效。而在美国以外的其他国家，管理更具有决定性的作用。至于发展中国家能否成功地发展经济，在很大程度上取决于它们能否迅速地培养出优秀的管理者。管理者的能力、技能和职责的确对人类福祉和世界未来至关重要。

21 世纪是中国的世纪，更是经济的世纪，中华民族要立足于世界民族之林，必须要有强盛的经济为后盾。经过近三十年的改革开放，中国的经济发展卓有成效，但跟发达国家相比，差距仍然很大。缩小差距的唯一方法，就是努力提高中国企业的竞争能力。决定企业最终竞争能力的是管理水平。提高企业管理水平，培养大批管理者，建立适应中国企业实际需要的管理模式，是当务之急。

管理既是一门科学，又是一门艺术，单纯的理论教学培养不出优秀的管理者。哈佛商学院以培养管理者著称于世，他们的人才，在校期间，就进行了大量的案例分析和研究，这是实践教学的成果。管理者的培养，需要理论与实践相结合，深入企业实践，存在着各种各样的困难，选择合适的教学手段，成为管理学教学的一个瓶颈。

沙盘模拟培训不同于传统的课堂灌输式授课方式，通过运用独特、直观的沙盘教具，模拟企业真实的内部经营环境与外部竞争环境，精心设计企业的经典运营流程，结合角色扮演、情景模拟、教师点评等教学手段，使学生在虚拟的市场竞争环境中，真实经历数年的企业经营管理过程，运筹帷幄，决战商场。企业经营沙盘模拟培训一经推出，就以独特新颖的培训模式、深刻实用的培训效果受到广大师生的好评。

本教材共分四章。第一章对沙盘以及沙盘相关理论知识做了一个简要的介绍；第二章讲解沙盘具体经营过程及方法；第三章分析沙盘经营过程中的常用竞争策略；第四章通过一个经典战例介绍沙盘经营过程中的策略运用和分析。

编　者

2016 年 7 月

目　录

第一章　沙盘模拟基础

第一节　沙盘模拟简介

一、沙盘培训的来源

“沙盘”常指依据适当比例制作出的实际地形、地貌、建筑物、园林设计的模拟。在各国军事活动中，常供研究地形、敌情、作战方案，组织协同动作和实施训练时使用。我国是在军事上运用沙盘最早的国家。据《后汉书·马援列传》记载，东汉建武八年（公元32年），陇西地方首领隗嚣叛降割据四川的公孙述，拥兵谋反朝廷，光武帝刘秀欲出兵征讨，与名将马援商讨进兵谋略。马援在王莽败亡后，一度曾避地凉州，依附割据陇西的隗嚣，对陇西一带的地理环境极为熟悉。他见光武帝询问，就用米堆成一个与陇西一带实地地形相似的模型，形象具体，敌情尽在眼中，马援手指沙盘模型，从战术上做了详尽的分析，为光武帝制定作战方案提供了依据，这可称作最早的沙盘作业。

在日常经济生活中，房地产开发商在制作小区规划时，通过布局沙盘以利于房屋销售。这些沙盘都清晰地模拟了真实的地形、地貌和小区格局，不必让其特定的对象亲临现场，也能对所关注的位置了然于胸。不仅如此，更从宏观的角度全面审视其所处的环境局面，从而运筹帷幄，决胜千里。

沙盘应用于企业管理培训始于企业竞争模拟。20世纪50年代以来，企业竞争模拟是一种很受企业欢迎的教学方式，最初是一种计算机辅助教学的方式。摩托罗拉、IBM 等公司经常采用这种新颖的培训方式。每次培训时首先由专家讲授理论，涉及企业管理的主要内容，如市场营销、财务管理、信息技术、人力资源管理、战略管理。培训后期，则把学员分成若干组，利用计算机进行企业竞争模拟。这种方式引起了学员的极大兴趣。20世纪80年代初期，在我国企业管理教学中开始采用。

1996年的国际企业管理挑战赛在中国大陆赛区的比赛吸引了96个队参加，包含了大多数国内著名的提供MBA学位教育的管理学院。但是，计算机模拟也有一些局限性，多数情况下是人机对话，按照软件程序输入经营指标，并计算出各公司的经营业绩，然后进行排序，互动性不强，不便于讲师即时点评，仍有“机上谈兵”的味道。

由于计算机模拟企业经营的局限性，从20世纪80年代开始，利用物理沙盘模拟企业经营的培训方式逐渐在企业管理培训中得到应用。欧美国家商学院在对 MBA 的教学中引入了这种培训方式，由于这种培训的直观性、趣味性、对抗性及可接受性，迅速地为许多咨询培训机构以及公司所采用，那是主要用于对企业中高层经理的培养和锻炼。

目前，沙盘模拟培训已风靡全球，成为世界 500 强企业中高层管理人员经营管理能力培训的首选课程。20 世纪 90 年代随着外资企业进驻我国，沙盘模拟培训得到国内企业的广泛好评，北大、清华、人大、浙大等高校也将其引进，用于 MBA 和 EMBA 的教学之中。同样在本科、高职教育中，企业经营沙盘模拟课程的教学在提升学生动手实践能力方面也起到了重要的作用，学生纷纷表示该门课程是大学课程体系中最具魅力的课程之一，各大沙盘软件提供商（用友、金蝶、中教畅享）和本科高职教育协会、省教育厅联合举办的此类比赛也吸引了不少学生。

二、沙盘培训简介

沙盘培训不同于传统的课堂灌输授课方式，通过运用独特、直观的教具，模拟企业真实的内部经营环境与外部竞争环境，结合角色扮演、情景模拟、教师点评，使学生在虚拟的市场竞争环境中，真实经历数年的企业经营管理过程，运筹帷幄、决战商场。沙盘模拟培训一经推出，就以独特新颖的培训模式、深刻实用的培训效果受到中外企业、著名高校的青睐。目前沙盘模拟培训已经成为世界 500 强中大多数企业的中高层管理人员管理培训的首选课程。

沙盘模拟培训将企业的主要运营流程缩小在整张沙盘上。整合企业运营过程中的“三个流”。一是企业的物流：下原料订单、原料入库、组织生产、按订单销售。二是企业的资金流：现金、贷款、应收账款、人工成本、设备维修、固定资产折旧等制造费用支出，广告投入、市场开拓、产品研发、ISO 认证等管理费用支出等。三是企业的信息流：市场预测分析、竞争环境、竞争对手经营情况分析等。

在沙盘模拟培训中，5～6 位学生被分为 6 个小组，每个小组代表一个企业。每个企业的主要高管的职能定位分别为：一是公司总裁 CEO，负责企业长期经营战略决策、制定每年经营规划、分配成员角色、协调团队沟通合作、领导团队走向成功等；二是财务总监 CFO，负责企业资金筹措、资金运用、费用成本控制、现金流管理、财务核算、做好企业的风险控制者等；三是生产总监，负责企业生产战略制定，选址、厂房布局、车间布置、投资各种类型生产线，编制和执行生产计划、设备更新计划等；四是采购总监，负责采购计划制订和执行、企业内部物流控制、进行出入库操作等；五是营销总监，负责企业营销战略、进行市场预测、新市场开拓规划、新产品研发计划、广告投放策略制定和执行、销售产品以及售后服务等。

在沙盘模拟培训中，每个小组都拥有等同的资金、原料、产成品、设备等。通过使用现金为企业打广告，进行广告决策，参加订货会从市场上赢得订单，购买原材料入库和投资新生产线，投入生产，完工交货，销售产品并从客户手中获得现金，使用开发新的产品和开拓新的市场，并支付员工工资、税收等。当资金短缺时可向银行申请长短期贷款、高利贷、贴现或变卖固定资产。经过六年的经营，最终根据每个企业的所有者权益多少或者综合实力评出优胜企业。

沙盘模拟培训，突破了传统的管理实训课程的局限性，让学生通过模拟企业运行状况，在制定战略、分析市场、组织生产、整体营销和财务结算等一系列活动中体会企业经营运作的全过程，认识到企业资源的有限性，在各种决策的成功和失败的体验中，学习、巩固和融会贯通各种管理知识，掌握管理技巧，从而深入理解科学的管理规律，提升管理能力。

三、沙盘培训课程价值

沙盘模拟企业经营课程可以强化受训者的管理知识、训练管理技能、全面提高受训者的综合素质。其融合理论与实践于一体、集角色扮演与岗位体验于一体的设计思路新颖、独到，使受训者在参与、体验中完成了从知识到技能的转化，是“教学做”一体化的最好诠释。其课程价值主要体现在以下三个方面。

1. 拓展知识体系，提升管理技能

传统教育划分了多个专业方向，学习者只能择其一而修，专业壁垒禁锢了学习者的发展空间和思维方式。沙盘模拟培训是对企业经营管理的全方位展现，通过学习，可以使受训者在以下方面获益。

① 全方位认知企业：了解企业的组织结构设置，各种管理机构的职责和工作任务，对未来的职业方向建立基本的认知意识，通过模拟企业经营了解企业的管理体系和业务流程，理解物质流、信息流、资金流的协同过程。

② 战略管理：成功的企业一定有着明确的企业战略，包括产品战略、市场战略、运作战略、竞争战略及财务战略等。从最初的战略制定、战略选择、战略实施和控制，到最后的战略目标的达成，经过几年的迷茫、挫折、探索，学员将学会用战略的眼光看待企业的业务和经营，保证业务与战略的一致，在未来的工作中更多地获取战略性成功而非机会性成功。

③ 营销管理：市场营销就是企业用产品价和附加价值不断来满足客户需求的过程。企业所有的行为、所有的资源，无非是要满足客户的需求。通过模拟几年的市场竞争对抗，学员将学会如何分析市场、关注竞争对手、把握消费者需求、制定营销战略、定位目标市场，制订并有效实施销售计划，达成企业战略目标。

④ 生产管理：我们把采购管理、生产管理、质量管理统一纳入到生产管理领域，则新产品研发、物资采购、生产动作管理、品牌建设一系列问题背后的一系列决策

问题自然地呈现在学习者面前，它跨越了专业分隔、部门壁垒。学员将充分运用所学知识、积极思考，并不断地在成功与失败中获取新知。

⑤ 财务管理：在沙盘培训过程中，团队成员将清晰地掌握资产负债表、利润表的结构；掌握资本流转如何影响损益；预估长短期资金需求，以最佳方式筹资，控制融资成本，提高资金使用效率；理解现金流对企业经营的影响。

⑥ 人力资源管理：从岗位分工、职位定义、沟通协作、工作流程到绩效考核，沙盘模拟中每个团队经过初期组建、短暂磨合，逐渐形成团队默契，完全进入协作状态。在这个过程中，各自为战导致的效率低下、无效沟通引起争论不休、职责不清导致的秩序混乱等情况使学员们深刻理解了局部最优不等于总体最优，学会了换位思考。在组织的全体成员有共同愿景、朝着共同的绩效目标、遵守相应的工作规范、彼此信任和支持的氛围下，企业更容易取得成功。

⑦ 基于信息管理的思维方式：通过企业经营沙盘模拟，使受训者真切地体会到构建企业信息系统的紧迫性，决策来源于数据，数据来源于信息系统，企业信息系统如同飞机上的仪表盘，能够时刻跟踪企业运营状况，对企业业务运行过程进行监督和控制，及时为企业管理者提供丰富可用的信息。通过沙盘模拟，受训者可以感受到企业信息化的实施过程及关键运营节点，合理规划企业信息管理系统，为企业信息化做好观念和能力上的铺垫。

2. 全面提升学员的综合素质

除了以上价值外，沙盘培训还可以用于综合素质训练，使受训者在以下方面获益。

① 树立共赢理念：市场竞争是激烈的，也是不可避免的，但竞争并不意味着你死我活。寻求与合作伙伴之间的双赢、共赢才是企业发展的长久之道。这就要求企业知彼知己，在市场分析、竞争对手分析上做足文章，在竞争中寻求合作，企业才会有无限的发展机遇。

② 全局观念与团队合作：通过沙盘培训，学员可以深刻体会到团队协作精神的重要性。在企业运营这样一艘大船上，CEO是舵手、CFO保驾护航、营销总监冲锋陷阵……在这里，每一个角色都要以企业总体最优为出发点，各司其职，相互协作，才能赢得竞争，实现目标。

③ 个性与职业定位：每个个体因为拥有不同的个性而存在，这种个性在沙盘培训中会显露无遗。在分组对抗中，有的小组轰轰烈烈，有的小组稳扎稳打，还有的小组不知所措。虽然，个性特点与胜任角色有一定的关联度，但在现实生活中，很多人并不是因为爱一行才干一行的。更多的情况是需要大家干一行就爱一行的。

④ 保持诚信：诚信是一个企业的立足之本，发展之本。诚信原则在企业经营沙盘模拟课程中体现为对“游戏规则”的遵守，例如市场竞争规则、产能计算规则、生产设备购置以及转产等。保持诚信是受训者立足社会、发展自我的基本素质。

⑤ 感悟人生：在市场的残酷与企业经营风险面前，是“轻言放弃”还是“坚持到底”，这不仅是一个企业可能面临的问题，更是在人生中不断需要抉择的问题，经营自己的人生与经营一个企业具有一定的相通性。

3. 实现从感性到理性的飞跃

在沙盘培训中，学员经历了一个从理论到实践再到理论的上升过程，把自己亲身经历的宝贵经验转化为全面的理论模型。受训者借助沙盘推演自己的企业经营管理思路，每一次基于现场的案例分析及基于数据分析的企业诊断，都会使参与者恍然大悟，达到磨炼其商业决策的敏感度，提升其决策能力及长期规划能力的目的。

四、沙盘培训课程内容

沙盘培训课程内容涉及了诸多企业管理方面的知识，如企业整体战略、产品研发、生产排程、市场营销、财务管理、团队沟通与建设等多个方面。具体内容如下：

1. 企业整体战略方面

① 评估内部资源、条件与外部环境，制定企业的长期和中短期策略；

② 预测市场发展趋势，并且及时调整既定战略。

2. 产品研发方面

① 制定产品研发决策；

② 修改研发计划，必要时中断产品研发项目。

3. 生产制造方面

① 选择获取生产能力的方式（购买或租赁大、小厂房）；

② 设备更新与生产线改良；

③ 全盘生产流程调度，匹配市场需求、交货期、数量及设备产能；

④ 库存管理及产销配合。

4. 市场营销方面

① 市场开发决策；

② 新产品开发、产品组合与市场定位决策；

③ 模拟在市场中短兵相接的竞标过程；

④ 刺探同行商情，抢攻市场；

⑤ 建立并维护市场地位，必要时做退出市场的决策。

5. 财务管理方面

① 制订投资计划；

② 预测企业的长期资金和短期资金的需求，寻求资金来源；

③ 掌握资金来源与用途，妥善控制财务成本；

④ 洞悉资金短缺先兆，以最佳方式筹措资金；

⑤ 分析财务报表，掌握报表重点与数据含义；

⑥ 运用财务指标进行内部诊断，协助 CEO 进行管理决策；

⑦ 如何以有限资金扭亏为盈，并创造高额市场利润；

⑧ 编制财务报表、结算投资报酬、评估决策收益。

6. 团队沟通与建设方面

① 实地学习、培养如何在立场不同的各部门之间进行沟通、协调的能力；

② 培养不同部门人员的共同价值观与经营理念；

③ 建立以整体利益为导向、行动一致的组织。

五、沙盘培训流程

沙盘培训课程的展开分为以下六个阶段。

1. 组织准备工作

组织准备工作是沙盘培训的首要环节。主要内容包括两项：首先是学员分组，每组一般为 5～6 人，全部学员组成 6、8 或者 10 个相互竞争的模拟企业，可根据受训班级人数的多少而定；然后进行每个角色的职能定位，明确企业组织内每个角色的岗位责任，一般分为 CEO、营销总监、生产总监、采购总监、财务总监、财务助理、情报间谍等角色，同样这也是根据人数的多少而定。

2. 基本情况介绍

对企业经营者来说，负责一个企业时，需要对企业有一个基本的了解，包括股东期望、企业目前的财务状况、市场占有率、产品情况、生产设施设备、盈利能力等。基本情况介绍以企业起始年的两张主要财务报表（资产负债表和利润表）为基本索引，逐项介绍企业目前的财务状况和经营成果，其他方面进行补充说明。

3. 市场规则与企业运营规则

企业在一个开放的市场环境中生存，企业之间的竞争需要遵循一定的规则。综合考虑市场竞争及企业运营所涉及的方方面面，简化为以下八个方面的约定：

① 市场划分与市场准入；

② 销售会议与订单争取；

③ 厂房购买、出售与租赁；

④ 生产线购买、转产与维修、出售；

⑤ 产品生产；

⑥ 原材料采购；

⑦ 产品研发与 ISO 认证；

⑧ 融资贷款与贴现。

4. 初始状态设定

该沙盘模拟课程不是从创建企业开始，而是继续运营一个已经创建三年的企业。虽然已经从基本情况描述中获得了企业运营的基本信息，但还需要把这些枯燥的数字活生生地再现到沙盘盘面上，由此为下一步的企业运营做好铺垫。通过初始状态设定，可以使学员深刻地感觉到财务数据与企业业务的直接相关性，理解到财务数据是对企业运营情况的一种总结提炼，为今后“透过财务看经营”做好观念上的准备。建议这个阶段由受训者自己动手完成。

5. 企业经营竞争模拟

企业经营竞争模拟是沙盘培训课程的主体部分，按企业经营年度展开。经营伊始，通过商务周刊或咨询机构发布市场预测资料，对每个市场每个产品的总体需求量、单价、发展趋势做出有效预测。每一个企业组织在市场预测的基础上讨论企业战略和业务策略，在 CEO 的领导下按一定程序开展经营，做出所有重要事项的经营决策，决策的结果会从企业经营结果中得到直接体现。

6. 经营分析

在每一年的经营过程和结束后，企业管理者都要对企业的经营结果进行分析，深刻反思成功在哪里，失败在哪里，竞争对手情况如何，是否需要对企业战略进行调整。讲师更要结合课堂整体情况，找出大家普遍困惑的问题，对现场的典型案例和事件进行剖析。

六、角色分配

任何一个企业都要建立与其企业类型相适合的组织结构。组织结构是保证企业正常运转的基本条件。在沙盘模拟企业经营课程中，采用了简化的企业组织结构，企业组织由几个主要角色代表，包括：首席执行官（CEO）、营销总监、生产总监、采购总监、财务总监等组成。

1. 首席执行官

企业所有的重要决策均由首席执行官带领团队成员共同决定，如果大家意见相左，由 CEO 拍板决定。除此之外，另一项重要任务就是制定企业发展战略。

2. 营销总监

企业的利润由销售收入带来，销售实现是企业生存和发展的关键，营销总监在企业中的地位不言自明。营销总监所担负的责任是：分析市场、开拓市场、实现销售。

有需求才会有销售，作为营销总监首先要分析市场需求，判断各个市场对不同产品的需求量、销售价格及其他要求，对市场做出初步判断，并确定本公司销售的重点市场；然后，在市场分析的基础上，决定开拓哪些市场，各个市场开拓的先后顺序；最后，在每年年初，根据自己的产量、生产能力及库存，结合市场需求，制定广告策略，完成本公司的产品销售，实现销售收入。

3. 生产总监

生产总监是企业生产部门的核心人物，对企业的一切生产活动进行管理，并对企业的一切生产活动及产品负最终的责任。生产总监既是计划的制定者和决策者，又是生产过程的监控者，对企业目标的实现负有重大的责任。具体工作包括厂房投资决策、生产线投资决策、生产计划的制定和实施。

4. 采购总监

采购是企业生产的首要环节。采购总监负责编制并实施采购供应计划，确保原料能适时到达，不要出现少订、错订、漏订原料现象，因为这对企业造成的损失是不可估量的。

5. 财务总监

在企业中，财务与会计的职能常常是分离的，它们有着不同的目标和工作内容。会计主要负责日常现金收支管理，定期核查企业的经营状况，核算企业的经营成果，制定预算及对成本数据的分类和分析。财务的职责主要负责资金的筹集、管理；做好现金预算，管好、用好资金。在这里，我们将其职能归并到财务总监，其主要任务是管好现金流，按需支付各项费用、核算成本，按时报送财务报表并做好财务分析；进行现金预算、采用经济有效的方式筹集资金，将资金成本控制到最低水平。

第二节　企业环境分析与总体战略

任何一个企业在生存和发展过程中，都必须具备战略观念和意识，并以此来指导企业实践，这样才能确保企业的长期繁荣与稳定，使企业在激烈的市场竞争中获得并保持其竞争优势地位。企业战略必须立足于企业所处的环境，并且要适应环境，并且能够具有改变行业环境的能力。

一、企业环境

企业环境是指一些相互依存、互相制约、不断变化的各种因素组成的一个系统，是影响企业管理决策和生产经营活动的现实因素的集合。这一定义，既不专指企业的外部环境，也不专指企业的内部环境或内部环境的某些方面，而是指一个环境系统；既反映了企业环境的内容、作用，也反映了企业环境的基本特征。

企业外部环境可分成一般环境和任务环境。一般环境又称为宏观环境，包括那些影响企业微观环境中所有行动者的较广泛的社会力量或因素，包括人口的、经济的、技术的、政治的、法律的，以及社会文化方面的力量和因素。任务环境又称微观环境，包括那些直接影响企业履行其使命状况的行动者、供应商、各种市场中间商、顾客、竞争对手等。

1. 宏观环境

企业宏观环境是指来自企业外部会给企业造成市场机会或环境威胁的主要社会力量。微观环境中的所有因素都要受宏观环境的影响或支配，宏观环境因素直接或以微观环境因素为媒介对企业经营战略产生影响。

（1）人口环境

人口环境主要有人口规模、购买习惯、宗教信仰、教育背景、地理分布、年龄分布、迁移等因素。

（2）经济因素

企业的经济环境包括：①宏观经济形势，如国民经济发展水平及其发展趋势、政府财政政策、货币政策、产业政策、金融情况；②本行业在整个经济体系中的地位和行业特点；③企业的直接经济环境，包括人均实际收入、平均消费取向、消费支出分配模式。

（3）自然环境

一个国家的自然资源与生态环境，包括生产的布局、人的生存环境、自然资源、生态平衡等方面的变化，也会给企业造成一些环境威胁和机会，因而也是企业经营战略制定所必须重视的问题。

（4）技术环境

世界上最近几十年中，科学技术发展很快，使产品结构发生了巨大的变化，整个世界处在新的产业革命时期。技术环境分成：①基础通用技术，这些技术对各个行业都有关系和影响。②相关技术，是指介于基础技术和本行业技术之间的技术。③本行业技术，即形成企业产品的重要技术。

（5）政治和法律环境

指那些强制或影响社会上各种组织和个人的法律法规、政府机构和利益集团。

（6）社会文化环境

社会文化环境是指社会结构、风俗、习惯、信仰、价值观念、行为规范、生活方式、文化传统等。

2. 微观环境

微观环境是企业生存与发展的具体环境。与宏观环境相比，微观环境更能够直接为一个企业提供更有用的信息，同时也更容易被企业所识别。

（1）行业内现有竞争者的竞争

大部分行业中的企业，相互之间的利益都是紧密联系在一起的，作为企业整体战略一部分的各企业竞争战略，其目标都在于使得自己的企业获得相对于竞争对手的优势。所以，在实施中就必然会产生冲突与对抗现象，这些冲突与对抗就构成了现有企业之间的竞争。现有企业之间的竞争常常表现在价格、广告、产品、售后服务等方面，其竞争强度与许多因素有关。

一般来说，出现下述情况将意味着行业中现有企业之间竞争的加剧，如行业进入障碍较低，势均力敌竞争对手较多，竞争参与者范围广泛；市场趋于成熟，产品需求增长缓慢；竞争者企图采用降价等手段促销；竞争者提供几乎相同的产品或服务，用户转换成本很低；一个战略行动如果取得成功，其收入相当可观；行业外部实力强大的公司在收购了行业中实力薄弱的企业后，发起进攻性行动，结果使得刚被收购的企业成为市场的主要竞争者；退出障碍较高，即退出竞争要比继续参与竞争代价更高。在这里，退出障碍主要受经济、战略、情感以及社会政治关系等方面的影响，具体包括：资产的专用性、退出的固定费用、战略上的相互牵制、情感上的难以接受、政府和社会的各种限制等。

（2）新进入者的威胁

新进入者在给行业带来新生产能力、新资源的同时，将希望在已被现有企业瓜分完毕的市场中赢得一席之地，这就有可能会与现有企业发生原材料与市场份额的竞争，最终导致行业中现有企业盈利水平降低，严重的话还有可能危及这些企业的生存。竞争性进入威胁的严重程度取决于两方面的因素，这就是进入新领域的障碍大小与预期现有企业对于进入者的反应情况。

进入障碍主要包括规模经济、产品差异、资本需要、转换成本、销售渠道开拓、政府行为与政策（如国家综合平衡统一建设的石化企业）、不受规模支配的成本劣势（如商业秘密、产供销关系、学习与经验曲线效应等）、自然资源（如冶金业对矿产的拥有）、地理环境（如造船厂只能建在海滨城市）等方面，这其中有些障碍是很难借助复制或仿造的方式来突破的。预期现有企业对进入者的反应情况，主要取决于现有企业采取报复行动的可能性大小。简单地说，现有企业对新进入者采取的报复行为力度越大，则新进入者对现有企业的威胁程度就越小。然而，报复行动的可能性大小则取决于现有企业的财力情况、报复记录、固定资产规模、行业增长速度等。

总之，新企业进入一个行业的可能性大小，取决于进入者主观估计进入所能带来的潜在利益、所需花费的代价与所要承担的风险这三者的相对大小情况。

（3）替代品的威胁

两个处于不同行业中的企业，可能会由于所生产的产品互为替代品，从而在它们之间产生相互竞争行为，这种源自于替代品的竞争会以各种形式影响行业中现有企业的竞争战略。第一，现有企业产品售价以及获利潜力的提高，将由于存在能被用户方便接受的替代品而受到限制；第二，由于替代品生产者的入侵，使得现有企业必须提高产品质量、或者通过降低成本来降低售价、或者使其产品具有特色，否则其销量与利润增长的目标就有可能受挫；第三，源自替代品生产者的竞争强度，受产品买主转换成本高低的影响。总之，替代品价格越低、质量越好、用户转换成本越低，其所能产生的竞争压力就强；而这种来自替代品生产者的竞争压力的强度，可以具体通过考察替代品销售增长率、替代品厂家生产能力与盈利扩张情况来加以描述。

（4）供应商的讨价还价能力

供方主要通过其提高投入要素价格与降低单位价值质量的能力，来影响行业中现有企业的盈利能力与产品竞争力。供方力量的强弱主要取决于他们所提供给买主的是什么投入要素，当供方所提供的投入要素其价值构成了买主产品总成本的较大比例、对买主产品生产过程非常重要、或者严重影响买主产品的质量时，供方对于买主的潜在讨价还价力量就大大增强。一般来说，满足如下条件的供方集团会具有比较强大的讨价还价力量：第一，供方行业为一些具有比较稳固市场地位而不受市场剧烈竞争困挠的企业所控制，其产品的买主很多，以至于每一单个买主都不可能成为供方的重要客户；第二，供方各企业的产品各具有一定特色，以至于买主难以转换或转换成本太高，或者很难找到可与供方企业产品相竞争的替代品；第三，供方能够方便地实行前向联合或一体化，而买主难以进行后向联合或一体化。

（5）购买者的讨价还价能力

购买者主要通过其压价与要求提供较高的产品或服务质量的能力，来影响行业中现有企业的盈利能力。一般来说，满足如下条件的购买者可能具有较强的讨价还价力量：第一，购买者的总数较少，而每个购买者的购买量较大，占了卖方销售量的很大比例；第二，卖方行业由大量相对来说规模较小的企业所组成；第三，购买者所购买的基本上是一种标准化产品，同时也可向多个卖主购买产品；第四，购买者有能力实现后向一体化，而卖主不可能前向一体化。

行业中的每一个企业或多或少都必须应付以上各种力量构成的威胁，而且客户必面对行业中的每一个竞争者的举动。除非认为正面交锋有必要而且有益处，例如要求得到很大的市场份额，否则客户可以通过设置进入壁垒，包括差异化和转换成本来保护自己。当一个客户确定了其优势和劣势时，客户必须进行定位，以便因势利导，而不是被预料到的环境因素变化所损害，如产品生命周期、行业增长速度等，然后保护自己并做好准备，以有效地对其他企业的举动做出反应。

根据上面对于五种竞争力量的讨论，企业可以尽可能地采取将自身的经营与竞争力量隔绝开来，努力从自身利益需求出发影响行业竞争规则，先占领有利的市场地位再发起进攻性竞争行动等手段来对抗这五种竞争力量，以增强自己的市场地位与竞争实力。

3. 企业内部环境

企业内部环境包括企业的物质环境和文化环境。它反映了企业所拥有的客观物质条件和内部工作状况以及企业的综合能力，是企业系统运转的内部基础。因此，企业内部环境分析也可称为企业内部条件分析，其目的在于掌握企业实力现状，找出影响企业生产经营的关键因素，辨别出企业的优势和劣势，以便寻找外部发展机会，确定企业战略。如果说外部环境给企业提供了可以利用的机会的话，那么内部条件则是抓住和利用这种机会的关键。只有在内、外环境都适宜的情况下，企业才能健康发展。

（1）企业资源

企业的任何活动都需要借助一定的资源来进行，企业资源的多少和利用情况决定其活动的效率和规模。企业资源包括人、财、物、技术、信息等，可分为有形资源和无形资源两大类。

（2）企业文化

企业文化分析主要是分析企业文化的现状、特点以及它对企业活动的影响。企业文化是企业战略制定与成功实施的重要条件和手段，它与企业内部物质条件共同构成了企业的内部约束力量，是企业环境分析的重要内容。

（3）企业能力

企业能力是指企业有效地利用资源的能力。拥有资源不一定能有效运用，因而企业有效地利用资源的能力就成为企业内部条件分析的重要因素，企业能力主要包括：战略规划能力、产品设计能力、生产运营能力、质量管控能力、采购能力、财务能力、市场营销能力、人力资源管理能力等。特别要重视培养和发展企业的核心竞争能力。

二、企业战略

企业战略是指企业根据环境的变化，本身的资源和实力选择合适的经营领域和产品，形成自己的核心竞争力，并通过差异化在竞争中取胜。随着世界经济全球化和一体化进程的加快和随之而来的国际竞争的加剧，对企业战略制定和实施要求越来越高。从层次上来看，企业战略分为总体战略、竞争战略和职能战略。

1. 总体战略

企业总体战略又称为经营战略，是指为实现企业总体目标，对企业未来发展方向作出的长期性和总体性战略。它是统筹各项分战略的全局性指导纲领，是企业最高管理层指导和控制企业的一切行为的最高行动纲领。企业总体战略包括扩张战略、稳定战略和紧缩战略。

（1）扩张战略

扩张战略，又称增长型战略、进攻型战略、发展型战略，是一种企业增长战略。从企业发展的角度来看，任何成功的企业都应当经历长短不一的扩张战略实施期，因为从本质上说只有扩张战略才能不断地扩大企业规模，使企业的竞争力从弱小到强大。

企业扩张在战略上可分为一体化扩张和多样化扩张。一体化扩张又可分为横向一体化（水平一体化）和纵向一体化（垂直一体化）。实现这些扩张的方法包括内部发展和外部发展（合并和合资等）。内部发展是现有企业（公司）通过新股票发放或自身资金积累，而扩大现有生产规模，或建立新厂、新的部门、新的子公司等；合并是指一企业获取另一企业的资源且无人抗争的过程。如果被合并的企业进行抗争，则称此过程为兼并。

（2）稳定战略

稳定型战略是指企业遵循与过去相同的战略目标，保持一贯的成长速度，同时不改变基本的产品或经营范围。它是对产品、市场等方面采取以守为攻，以安全经营为宗旨，不冒较大风险的一种战略。

从企业经营风险的角度来说，稳定型战略的风险是相对较小的，对于那些曾经成功地在一个处于上升趋势的行业和一个不大变化的环境中活动的企业会很有效。

（3）紧缩战略

所谓紧缩型战略是指企业从目前的战略经营领域和基础水平收缩和撤退，且偏离起点战略较大的一种经营战略。与稳定型战略和增长型战略相比，紧缩型战略是一种消极的发展战略。一般地，企业实施紧缩型战略只是短期的，其根本目的是使企业挨过风暴后转向其他的战略选择。有时，只有采取收缩和撤退的措施，才能抵御竞争对手的进攻，避开环境的威胁和迅速地实行自身资源的最优配置。可以说，紧缩型战略是一种以退为进的战略。

2. 竞争战略

竞争战略是企业战略的一部分，又称为业务层次战略或者 SBU（Strategic Business Unit，战略业务单元）战略，它是在企业总体战略的制约下，指导和管理具体战略经营单位的计划和行动。企业竞争战略要解决的核心问题是：如何通过确定顾客需求、竞争者产品及本企业产品这三者之间的关系，来奠定本企业产品在市场上的特定地位并维持这一地位。

企业的市场环境就是空前激烈的竞争。如何在竞争中求发展，是每个企业都在思考的课题。根据著名的迈克尔·波特教授的竞争战略理论，企业的利润将取决于：同行业之间的竞争，行业与替代行业的竞争，供应方与客户的讨价还价以及潜在竞争者共同作用的结果。竞争战略包括以下三种类型：

（1）成本领先战略

成本领先战略就是最大努力降低全企业的成本，通过低成本降低商品价格，维持竞争优势。要做到成本领先，就必须在管理方面对成本严格控制，尽可能将降低费用的指标落实在人头上，处于低成本地位的公司可以获得高于产业平均水平的利润。在与竞争对手进行竞争时，由于你的成本低，对手已没有利润可图时，你还可以获得利润。你就主动，你就是胜利者。

（2）差异化战略

差异化战略又称别具一格战略，是公司提供的产品或服务别具一格，或功能多，或款式新，或更加美观。如果差异化战略可以实现，它就成为在行业中赢得超常收益的可行战略，因为它能建立起应付五种竞争作用力的防御，利用客户对品牌的忠诚而处于竞争优势地位。

（3）集中战略

集中战略又称目标集中战略、目标聚集战略、专一化战略。集中战略是主攻某个特定的客户群、某产品系列的一个细分区段或某一个地区市场，是在局部市场的成本领先战略和差异化战略的综合体现。其前提是：公司能够以更高的效率、更好的效果为某一具体的战略对象和客户服务，从而超过在更广阔范围内竞争对手，可知该战略具有赢得超过行业平均水平收益的潜力。

3. 职能战略

职能战略，又称为职能层战略、业务支持战略。它涉及的是企业内部各个职能部门，如营销、财务、生产、研究与开发、人力资源、信息技术等职能部门。职能战略的目的就是为了能够更好地配置部门资源，提高生产效率、组织效率，以便更好地为竞争战略和总体战略服务。重点的是，职能战略的实施必须让各职能活动的协调性和一致性。

第三节　基础会计知识

会计核算是以货币为主要计量单位，反映和监督一个单位经济活动的一种经济管理工作，对生产经营活动或者预算执行过程进行连续、系统、全面地记录和定期编制财务会计报告等会计活动的全过程。在沙盘实训中会计知识显得十分重要，它是企业取得良好业绩的基础。

一、会计要素

会计要素是指会计对象是由哪些部分所构成的，是会计对象按照经济特征所做的最基本分类，也是会计核算对象的具体化。我国《企业会计准则》将会计要素分为资产、负债、所有者权益（股东权益）、收入、费用（成本）和利润六个会计要素。会计要素是会计对象的具体化，是会计基本理论研究的基石，更是会计准则建设的核心。会计要素定义是否科学合理，直接影响着会计实践质量的高低。合理划分会计要素，有利于清晰地反映产权关系和其他经济关系。

1. 资产

资产是指企业过去的交易或者事项形成的、由企业拥有或控制的、预期会给企业带来经济利益的资源。

首先，资产必须是企业过去的交易或事项，包括购买、生产、建造行为或其他交易或者事项形成的。也就是说，资产必须是现实的资产，而不能是预期的资产，预期在未来发生的交易或者事项不形成资产。其次，企业享有某项资源的所有权，或者虽然不享有某项资源的所有权，但该资源能被企业所控制。最后，资产具有直接或者间接导致现金和现金等价物流入企业的潜力。

具体来讲，企业从事生产活动必须具备一定的物质资源或者物质条件，在市场经济条件下，这些必要的物质条件表现为货币资金、厂房场地、机器设备、原材料等，这些都是企业的资产，是企业从事生产经营活动的物质基础。除此之外，企业一般还有专利权、商标权等不具有实物形态，但有助于生产经营活动进行的无形资产，以及企业对其他单位的投资等，也属于资产。

资产可以按照不同标准进行多种分类，但比较常见的是按照流动性进行分类。资产按流动性可以分为流动资产和非流动资产两种。

流动资产是指可以在 1 年或者超过 1 年的一个营业周期内变现或耗用的资产，主要包括货币资金、交易性金融资产、应收及预付款项、存货等。货币资金是指企业持有的库存现金、银行存款和其他货币资金等；交易性金融资产是指企业为了近期内出售而持有的金融资产，通常情况下，以赚取差价为目的从二级市场购入的股票、债券和基金等，为交易性金融资产；应收及预付款项是指企业的应收账款、应收票据、其他应收款和预付账款等；存货是指企业在日常活动中持有以备出售的产成品或商品、处在生产过程中的在产品、在生产过程或提供劳务过程中耗用的材料和物料等。

非流动资产是指计划长期持有，不准备在 1 年内或超过 1 年的一个营业周期内变现或耗用的资产，也就是除了流动资产之外的资产。主要包括持有到期投资、长期应收款、长期股权投资、投资性房地产、固定资产、在建工程、无形资产、长期待摊费用、可供出售金融资产等。

2. 负债

负债是指企业过去交易或事项形成的、预期会导致经济利益流出企业的现时义务。负债是企业承担的，以货币计量的在将来需要以资产或劳务偿还的债务。它代表着企业偿债责任和债权人对资产的求索权。

负债按流动性分类，可分为流动负债和非流动负债。流动负债是指将在一年或长于一年的一个营业周期内偿付的债务，包括短期借款、应付票据、应付账款、预收货款、应付工资、应交税金、应付利润、其他应付款和预提费用等。非流动长期负债是指偿还期在一年或者超过一年的一个营业周期以上的各种债务，非流动负债是企业向债权人筹集的可供长期使用的一种资本来源。同流动负债相比，非流动负债的特点是数额较大，偿还期限较长，包括长期借款、应付债券、长期应付款等。

3. 所有者权益

所有者权益是指资产扣除负债后由所有者应享的剩余利益，即一个会计主体在一定时期所拥有或可控制的具有未来经济利益资源的净额。它是企业投资人对企业净资产的所有权。

所有者权益具有以下几个特征：第一，所有者权益是企业投资人对企业净资产的所有权，它受总资产和总负债变动的影响而发生增减变动；第二，所有者权益包含所有者以其出资额的比例分享企业利润，与此同时，所有者也必须以其出资额承担企业的经营风险；第三，所有者权益还意味着所有者有法定的管理企业和委托他人管理企业的权利。

从构成上来看，所有者权益包含以下几个部分。

（1）实收资本

实收资本是指投资者实际投入企业开展经营活动的资本金，形态上表现为各种财产物资，国家、集体、个人、法人资本。

（2）公积金

公积金是指企业为了增强其经济实力和应付经营不测而必须保留的资本额，亦称准资本。它包括资本公积和盈余公积两部分：①资本公积金是指由投入资本本身所引起的各种增值。它与生产经营活动无直接关系，包括股本溢价、法定财产重估增值、接受捐赠的资产价值和资本汇率折算差额等；②盈余公积金是指企业从净利润中提取的公积金。它包括法定盈余公积和任意盈余公积以及公益金。资本公积金、盈余公积金，可按照规定的程序转增资本金；法定盈余公积和任意盈余公积也可以弥补企业亏损，在特殊情况下经批准还可以发放股利。

（3）公益金

公益金是指企业从净利润中提取的专门用于职工集体福利设施方面的准备金。

（4）未分配利润

未分配利润是指企业留待以后年度分配的利润。在未分配利润的数量上是企业净利润扣除提取的盈余公积金、公益金和分配给投资者的利润后的余额。盈余公积金和未分配利润又统称为留存收益。

4. 收入

收入是指企业在日常经营活动中形成的、会导致所有者权益增加的、与所有者投入资本无关的经济利益的总流入。就一个企业来说，与所有者投入资本无关的经济利益流入包括企业在日常活动中形成的经济流入和在非日常活动中形成的经济流入两部分。日常经营活动是指企业为完成其经营目标所从事的经常性活动以及与之相关的活动。由此产生的经济利益的总流入构成收入，一般将其称为主营业务收入。另外，工业企业转让无形资产使用权、出售不用原材料等，属于与经常性活动相关的活动，由此产生的经济利益的总流入也构成收入，一般将其称为其他业务收入。非日常活动是指企业除了日常活动以外的经济活动，例如，企业处置固定资产、无形资产等活动，不是企业为完成其经营目标所从事的经常性活动，也不属于与经常性活动相关的活动，由此产生的经济利益的总流入不构成收入而构成利得，应当确认为直接计入当期利润的利得计入营业外收入。

5. 费用

费用是指企业在日常经营活动中发生的、会导致所有者权益减少的、与向所有者分配利润无关的经济利益的总流出。

无论费用是否包括损失，都应具有以下特征：第一，费用最终会导致企业资源的减少，这种减少具体表现为企业的资金支出。从这个意义上说，费用本质是一种资源流出企业，它与资源流入企业所形成的收入相反，它也可理解为资产的耗费，其目的是取得收入，从而获得更多资产。第二，费用最终会减少企业的所有者权益。一般而言，企业的所有者权益会随着收入的增长而增加；相反，费用的增加会减少所有者权益。但是所有者权益减少也不一定都列入费用，如企业偿债性支出和向投资者分配利润，显然减少了所有者权益，但不能归入费用。第三，费用可能表现为资产的减少，或负债的增加，或者二者兼而有之。

企业的费用，包括以下两部分。

（1）生产成本

生产成本，是指企业为生产一定种类和数量的产品所发生的费用，即产品成本项目直接材料、直接人工和制造费用的总和。

（2）期间费用

期间费用，是指不计入产品生产成本、直接计入发生当期损益的费用，包括管理费用、财务费用和销售费用。企业一定期间所发生的不能直接归属于某个特定产品的生产成本费用，归属于制造费用，在发生时直接计入当期损益。

费用按经济用途进行分类，能够明确反映直接用于产品生产商的材料费用、工人工资以及耗用于组织和管理生产经营活动上的各项支出，从而有助于企业了解费用计划、定额、预算等的执行情况，控制成本费用支出，加强成本管理和成本分析。

6. 利润

利润是指企业在一定会计期间的经营成果。利润包括收入减去费用后的净额、直接计入当期利润的利得和损失等。直接计入当期利润的利得和损失是指应当计入当期损益、会导致所有者权益发生增减变动的、与所有者投入资本或者向所有者分配利润无关的利得或者损失。直接计入当期利润的利得包括营业外收入、投资净收益等；直接计入当期利润的损失包括营业外支出、资产减值损失等。利润金额取决于收入和费用、直接计入当期利润的利得和损失金额的计量。

二、会计等式

会计等式亦称会计恒等式或会计平衡公式。表示如下：

资产=负债＋所有者权益

这个等式表明企业在一定时点上资金运动的相对静止状态。

从企业的一定时期来观察，企业的经营活动中要发生各种费用，也取得各种收入。因而会计平衡公式为：

资产=负债＋所有者权益＋收入－费用

也可转换为：

资产＋费用=负债＋所有者权益－收入

企业资金的任何变化，都会表现为数量上的变化。经济业务的发生，会引起企业资金发生四种情况的变化：

① 一种资产增加，同时，另一种资产减少。

② 一种负债及所有者权益增加，同时，另一种负债及所有者权益减少。

③ 一种负债及所有者权益增加，同时，一种资产增加。

④ 一种负债及所有者权益减少，同时，一种资产减少。

以上四种情况的变化结果，都不会破坏会计平衡公式。

会计平衡公式及其反映的经济关系，是建立复式记账法的依据，也是处理经济业务、编制会计分录和编制会计表的依据。在后面的资产负债表中，可以清晰地看到这种平衡关系。

三、折旧

固定资产折旧指一定时期内为弥补固定资产损耗按照规定的固定资产折旧率提取的固定资产折旧，或按国民经济核算统一规定的折旧率虚拟计算的固定资产折旧。它反映了固定资产在当期生产中的转移价值。各类企业和企业化管理的事业单位的固定资产折旧是指实际计提的折旧费；不计提折旧的政府机关、非企业化管理的事业单位和居民住房的固定资产折旧是按照统一规定的折旧率和固定资产原值计算的虚拟折旧。

计提折旧的固定资产包括：①房屋建筑物；②在用的机器设备、仪器仪表、运输车辆、工具器具；③季节性停用及修理停用的设备；④以经营租赁方式租出的固定资产和以融资租赁式租入的固定资产。不计提折旧的固定资产包括：①已提足折旧仍继续使用的固定资产；②以前年度已经估价单独入账的土地；③提前报废的固定资产；④以经营租赁方式租入的固定资产和以融资租赁方式租出的固定资产。

企业计提固定资产折旧的方法有多种，基本上可以分为两类，即直线法（包括年限平均法和工作量法）和加速折旧法（包括年数总和法和双倍余额递减法），企业应当根据固定资产所含经济利益预期实现方式选择不同的方法。企业折旧方法不同，计提折旧额相差很大。

1. 年限平均法

又称直线法，是指将固定资产的应计折旧额均衡地分摊到固定资产预定使用寿命内的一种方法。采用这种方法计算的每期折旧额相等。计算公式如下：

年折旧率=（1－预计净残值率）/预计使用寿命（年）×100%

月折旧率=年折旧率/12

月折旧额=固定资产原价×月折旧率

2. 工作量法

工作量法是根据实际工作量计算每期应提折旧额的一种方法。计算公式如下：

单位工作量折旧额=固定资产原价×（1－预计净残值率）/预计总工作量

某项固定资产月折旧额=该项固定资产当月工作量×单位工作量折旧额

3. 年数总和法

设备入账账面价值为 X，预计使用 N 年，残值为 Y，则第 M 年计提折旧为（X－Y）×（N－M＋1）/［（N＋1）×N/2］。

4. 双倍余额递减法

设备入账账面价值为 X，预计使用 N（N 足够大）年，残值为 Y。

则第一年折旧 C（1）=X×2/N；

第二年折旧 C（2）=（X－C（1））×2/N

第三年折旧 C（3）=（X－C（1）－C（2））×2/N

……

最后两年须改为直线法折旧。

四、报表

1. 利润表

（1）利润表的结构

利润表是反映企业在一定会计期间的经营成果情况的会计报表。编制利润表公式如下：

纯收入=销售收入－产品销售成本

产品销售利润=纯收入－产品销售税金－产品销售费用

销售利润=产品销售利润－其他销售利润－管理费用－财务费用

利润总额=销售利润＋投资净收益－营业外收入－营业外支出

净利润（税后利润）=利润总额（税前）－所得税

税后利润按一定比例提取盈余公积金，向投资者分配利润等，还有一部分继续投入生产经营过程。

（2）利润表的一般格式。

利润表的一般格式见表 1-1。

表 1-1　利润表的一般格式

项目	上年数	本年数
① 产品销售收入		
减：产品销售成本		
产品销售费用		
产品销售税金及其他		
② 产品销售利润		
加：其他销售利润		
减：管理费用		
财务费用		
③ 营业利润		
加：投资收益		
减：营业外支出		
④ 利润总额		
减：所得税		
⑤ 净利润		

2. 资产负债表

（1）资产负债表的结构

资产负债表是反映企业在某一特定日期资产、负债和所有者权益及其构成情况的会计报表。

资产负债表依据“资产=负债＋所有者权益”的会计恒等式设置和编制。资产负债分为基本内容和补充资料两部分。基本内容通常采用左、右双方相互对照的账户式报表结构。其中，报表左方列示资产项目，报表右方列示负债项目和所有者权益项目。报表左方合计数等于报表右方合计数。即资产总额等于负债和所有者企业权益总额合计，该报表结构的特点在于突出报表项目的平衡关系。

（2）资产负债表的一般格式

资产负债表的一般格式见表 1-2。

表 1-2　资产负债表的一般格式

资产	期初数	期末数	负债和所有者权益	期初数	期末数
流动资产			流动负债		
非流动资产			长期负债		
固定资产			负债合计		
递延资产			实收资本		
其他资产			资本公积		
			盈余公积		
			未分配利润		
			所有者权益合计		
资产总计			负债和所有者权益总计		

第四节　财务管理知识

企业财务活动即企业资金运动过程，包括资金的筹集、运用、耗费、收回及分配等环节，具体包括筹资活动、投资活动和分配活动。筹资活动是财务活动的起点；投资是筹资的目的和归宿，是实现财务活动目标的直接手段；分配活动是将企业收益在各主体之间分配。企业财务关系是指企业在组织财务活动过程中与有关各方所发生的经济利益关系。企业主要的财务关系包括与出资者之间的财务关系、与债权人之间的财务关系、与政府之间的财务关系、与其他利益相关者之间的财务关系。

一、财务管理的内容

财务管理是在一定的整体目标下，关于资产的购置（投资）、资本的融通（筹资）、经营中现金流量（营运资金）以及利润分配的管理。

财务管理是企业管理的一个组成部分，它是根据财经法规制度，按照财务管理的原则，组织企业财务活动，处理财务关系的一项经济管理工作。简单地说，财务管理是组织企业财务活动，处理财务关系的一项经济管理工作。

企业的财务目标是将企业价值最大化。企业价值最大化的途径是提高报酬率和减少风险。企业的报酬率高低和风险大小又取决于投资项目、资本结构和股利政策。因此，财务管理的主要内容包括投资决策、筹资决策和股利决策三个方面。

1. 投资决策

投资是指以收回现金并取得收益为目的而发生的现金流出。例如，购买政府公债、购买企业股票和债券、购置设备、建造厂房、开办商店、增加新产品等，企业都要发生现金流出，并期望取得更多的现金流入。

企业的投资决策，按不同的标准可以分为以下两种类型。

（1）项目投资和证券投资

项目投资是指把资金直接投放于生产经营性资产，以便获取营业利润的投资。例如，购置设备、建造厂房、开办商店等。

证券投资是指把资金投放于金融性资产，以便获取股利或者利息收入的投资。例如，购买政府公债、购买企业债券和公司股票等。

这两种投资决策所使用的一般性概念虽然相同，但决策的具体方法却很不一样。证券投资只能通过证券分析与评价，从证券市场中选择企业需要的股票和债券，并组成投资组合。作为行动方案的投资组合，不是事先创造的，而是通过证券分析得出的。项目投资要事先准备一个或几个备选方案，通过对这些方案的分析和评价，从中选择一个足够满意的行动方案。

（2）长期投资和短期投资

长期投资是指影响超过一年的投资。例如，购买设备、建造厂房等。长期投资又称为资本性投资。用于股票和债券的长期投资，在必要时可以出售变现，而较难以改变的是生产经营性的固定资产投资。长期投资有时专指固定资产投资。

短期投资是指影响不超过一年的投资。如对应收账款、存货、短期有价证券的投资。短期投资又称为流动资产投资或营运资产投资。

长期投资和短期投资的决策方法有所区别。由于长期投资涉及的时间长、风险大，决策分析时更重视货币时间价值和投资风险价值的计量。

2. 筹资决策

筹资是指筹集资金的活动。例如，企业发行股票、发行债券、取得借款、赊购、租赁等都属于筹资。筹资决策要解决的问题是如何取得企业所需要的资金，包括向谁、在什么时候、筹集多少资金。筹资决策和投资、股利分配有密切关系，筹资的数量多少要考虑投资需要，在利润分配时加大保留盈余可减少从外部筹资。筹资决策的关键是决定各种资金来源在总资金中所占的比重，即确定资本结构，以使筹资风险和筹资成本相配合。

可供企业选择的资金来源有许多种，习惯上称为“资金渠道”。按不同的标志，把它们分为以下两种类型。

（1）权益资金和借入资金

权益资金是指企业股东提供的资金。它不需要归还，筹资的风险小，但其期望的报酬率高。

借入资金是指债权人提供的资金。它要按期归还，有一定的风险，但其要求的报酬率比权益资金低。

所谓资本结构，主要是指权益资金和借入资金之间的比例关系。一般来说完全通过权益资金筹资是不明智的，不能得到负债经营的好处；但负债的比例大则风险也大，企业随时可能陷入财务危机。筹资决策的一个重要内容就是确定最佳资本结构。

（2）长期资金和短期资金

长期资金是指企业可长期使用的资金，包括权益资金和长期负债。权益资金不需要归还，企业可以长期使用。此外，长期借款也属于长期资金。有时，习惯上把 1 年以上 5 年以内的借款称为中期资金，而把 5 年以上的借款称为长期资金。

短期资金一般是指 1 年内要归还的短期借款。一般来说，短期资金的筹集应主要解决临时的资金需要。例如，在生产经营旺季需要的资金比较多，可借入短期借款，在生产经营淡季则归还。

长期资金和短期资金的筹资速度、筹资成本、筹资风险以及借款时企业所受的限制均有所不同。如何安排长期筹资和短期筹资的相对比重，是筹资决策要解决的另一个重要问题。

3. 股利决策

股利分配是指在公司赚得的利润中，有多少作为股利发放给股东，有多少留在公司用于再投资。过高的股利支付率，影响企业再投资的能力，会使未来收益减少，造成股价下跌；过低的股利支付率，可能引起股东不满，股价也会下跌。

股利决策受多种因素的影响，包括税法对股利和出售股票收益的不同处理、未来公司的投资机会、各种资金来源及其成本、股东对当期收入和未来收入的相对偏好等。公司根据具体情况确定最佳的股利政策，是财务决策的一项重要内容。

股利决策，从另一个角度看也是保留盈余决策，是企业内部筹资问题。因此，有人认为股利决策属于筹资的范畴，而并非一项独立的财务管理内容。

二、财务管理的特点

企业生产经营活动的复杂性，决定了企业管理必须包括多方面的内容，如生产管理、技术管理、劳动人事管理、设备管理、销售管理、质量管理、关系管理和财务管理等。上述各项工作既相互联系、紧密配合，同时又有科学的分类，具有各自的特点。

（1）财务管理是一项综合性管理工作

企业管理在实行分工、分权的管理过程中形成了一系列专业管理，有的侧重于使用价值的管理，有的侧重于信息的管理。社会经济的发展，要求财务管理主要是运用价值形式对经营活动实施管理。通过价值形式，把企业拥有的经济资源、经营过程和经营成果进行合理地规划和控制，以达到企业效益不断提高、财富不断增加的目的。因此，财务管理既是企业管理的一个独立方面，又是一项综合性的管理工作。

（2）财务管理与企业各方面具有广泛联系

在企业中，一切涉及资金的收支活动，都属于财务管理的范畴。事实上，企业内部各部门与资金不发生联系的现象是很少见的。因此，财务管理的触角，常常伸向企业经营的各个角落。每一个部门都会通过资金的使用与财务部门发生联系，每一个部门也都要在合理使用资金、节约资金等方面接受财务部门的指导，受到财务制度的约束，以此保证企业经济效益的提高。

（3）财务管理能迅速反映企业的生产经营状况

在企业管理中，决策是否得当、经营是否合理、技术是否先进、产销是否顺畅，都可迅速地在企业财务指标中得到反映，企业生产的产品如果适销对路，质量优良可靠，则可带动生产发展，实现产销两旺，加快资金周转，提高赢利能力，这一切都可以通过各种财务指标迅速反映出来。因此，财务管理工作既有其独立性，又受整个企业管理工作的制约。财务部门应通过自己的工作，向企业管理者及时通报有关财务指标的变化情况，以便把各部门的工作纳入提高经济效益的轨道，努力实现财务管理的目标。

三、企业财务管理的目标

对以提高经济效益为理财目标，人们的认识似乎并无分歧，但是对如何实现经济效益最大化在看法上并不一致，实际上存在一个认识不断提高的过程。它反映人们由不正确到正确、由不完全到比较完全的看法。

1. 产值最大化

这是一种错误的认识，因为追求产值最大化就不可能使经济效益最大化。对此要认识到一味追求产值最大化可能产生的弊病。

2. 利润最大化

利润额是企业在一定期间全部收入和全部费用的差额，是按照收入与费用配比原则加以计算的，在一定程度上体现了经济效益的高低。利润代表了企业新创造的财富，是投资者获得红利的来源，也是企业补充资本、扩大经营规模的源泉。因此，以利润最大化为财务管理目标有其合理性。企业追求利润最大化，就必须合理配置经济资源、严格经济核算、加强经营管理、改进生产技术、提高劳动生产率、降低产品成本、提高经济效益。但是，由于利润指标自身的局限性，以利润最大化作为财务管理目标存在以下缺点：

① 利润最大化没有考虑利润取得的时间、资金的时间价值。例如，今年获利 100 万元和明年获利 100 万元对企业的影响是不同的，更不同于后年获利 100 万元对企业造成的影响。

② 利润最大化中的利润额是一个绝对数，没有考虑所获利润和投入资本额的匹配关系。例如，同样获利 100 万元，一个企业投入资本 500 万元，另一个企业投入 800 万元就是很明显的例子。显然，若不将利润与投入资本额联系起来，就不能合理

地说明企业经济效益水平的高低，不便于在不同时期、不同企业之间进行比较。

③ 没有考虑获取利润所承担风险的大小。例如，同样投入 500 万元，本年获利 100 万元的两个企业，一个获利已全部转化为现金，不存在发生坏账的风险；另一个则全部是账龄两年以上的应收账款，可能发生坏账损失。显然，若不考虑风险，则难以做出正确判断。一般而言，报酬越高，风险越大。追求利润最大化，往往会增加企业经营风险。由于利润最大化往往会使企业财务决策带有短期行为的倾向，即片面追求企业当前利润的最大化，忽视企业的长远发展。因此，将利润最大化作为企业管理目标存在一定的片面性。

3. 资本利润率最大化或每股利润最大化

资本利润率同普通股每股利润在实际上是一致的，前者可理解为每百元资本为分母来表示的，后者实际上是以每股的资本额为分母来表示的。资本利润率指标比利润额指标更科学一些，但据此进行考核时，往往会忽视资产增值问题，容易使企业片面追求利润，甚至使资产虚估、利润虚增。这正是一些企业在承包经营中产生的追求短期利益的行为，因而是不可取的。

4. 企业价值最大化或股东财富最大化

通俗地讲，企业价值是指企业本身值多少钱，虽然企业不是一般意义上的商品，但也可以被买卖。收购或转让企业时必然对其进行市场评价，通过市场评价所确定的企业收购价格就是企业价值。

目前西方财务管理的理财目标即企业价值最大化或股东财富最大化。这一观点中包含企业既要获得赢利，又要实现资产增值，归根到底，只有企业净资产增加了，即股东财富增加了，才是投资者追求的最终目的。要衡量企业价值或股东财富的多少，一个办法是进行资产评估，看企业实际资产价值是多少；另一个办法是股票上市，看股票市场价格的高低，以便由金融市场来对企业资产进行评估。要实行这两种办法并不容易。事实上，西方财务管理的目标也经历了由利润最大化，到每股利润最大化，再到企业价值最大化或股东财富最大化的演变。

第五节 市场营销知识

企业要生存、要发展，必须研究市场、占有市场。因此，市场营销知识也是必不可少的。

一、企业市场战略

在企业经营管理过程中，市场战略是市场与企业的界线，在任何战略计划中都极其重要，而且市场战略是形成企业战略计划的基本条件。企业所有战略的起点就是顾客的需求，而顾客的需求就是指未满足的“市场”。所以说，所有战略必须经过市场的验证才能知道其是否正确。如果其在市场上是不可行的，那么再好的战略都将是纸上谈兵。

市场战略是指企业有效地区别于竞争对手，并利用其经营特色为消费者提供更高价值产品的方法。市场战略的本质是处理消费者、竞争者和企业三者之间的相互关系。一个成功的市场战略具有三个特点：①明确的市场定位；②发挥企业的资源优势；③要有利于企业在竞争中脱颖而出。

市场战略包括目标市场战略和市场竞争战略。

1. 目标市场战略

企业必须善于选择适合自己并能充分发挥自身资源优势的目标顾客群从事营销活动，确立企业在市场中的位置，这是企业营销管理中的战略决策问题。这个决策过程是由市场细分、目标市场选择和市场定位三个环节组成的。这三个环境是相互联系、缺一不可的。其中，市场细分是企业目标市场选择和市场定位的基础和前提。

（1）市场细分

市场细分，也称市场区别、市场划分或者市场区隔，所谓市场细分，是指根据消费需求的差异性，把某一产品（或服务）的整体市场划分为在需求上大体相似的若干个市场部分，形成不同的细分市场（即子市场），从而有利于企业选择目标市场和制定营销策略的一切活动的总称。

市场细分是为了更加深入地研究消费需求，更好地适应消费需求，使企业所提供的产品和服务更好地满足目标顾客（或客户）的需要。一方面，在现代社会中，市场消费需求是多样的，随着社会经济的飞速发展和人们收入的不断提高，消费者对商品和服务需求日趋多样化；另一方面，企业营销能力是有限的，不同企业的人力、物力和财力资源不同，为市场提供的产品不同。任何企业的营销资源具有局限性，无论规模大小，都不可能以自己的产品或服务满足市场上所有消费者的需求，只能满足某一类或某几类消费者群体的需求。为此，市场消费需求的“多样性”与企业营销资源的“有限性”之间的矛盾导致了目标市场概念的产生，从而使作为目标市场决策的前提市场细分成为必要。任何企业要确定自己的目标市场，基础工作就是要分析消费者的不同需求，进行市场细分。

（2）目标市场选择

企业在划分好细分市场之后，可以进入既定市场中的一个或多个细分市场。目标市场选择是指估计每个细分市场的吸引力程度，并选择进入一个或多个细分市场。目标市场选择标准包括：①有一定的规模和发展潜力；②细分市场结构的吸引力；③符合企业目标和能力。

目标市场选择策略包括三种类型。

① 无差异性目标市场策略

该策略是把整个市场作为一个大目标开展营销，它们强调消费者的共同需要，忽视其差异性。采用这一策略的企业，一般实力强大采用大规模生产方式，又有广泛而可靠的分销渠道，以及统一的广告宣传方式。

② 差异性目标市场策略

该策略通常是把整体市场划分为若干细分市场作为其目标市场。针对不同目标市场的特点，分别制定出不同的营销计划，按计划生产目标市场所需要的商品，满足不同消费者的需要。

③ 集中性目标市场策略

该策略是选择一个或几个细分化的专门市场作为营销目标，集中企业的优势力量，对某细分市场采取攻势营销战略，以取得市场上的优势地位。

一般说来，实力有限的中小企业多采用集中性市场策略。

（3）目标市场定位

市场定位可分为对现有产品的再定位和对潜在产品的预定位。对现有产品的再定位可能导致产品名称、价格和包装的改变，但是这些外表变化的目的是保证产品在潜在消费者的心目中留下值得购买的形象。对潜在产品的预定位，要求营销者必须从零开始，使产品特色确实符合所选择的目标市场。公司在进行市场定位时，一方面要了解竞争对手的产品具有何种特色，另一方面要研究消费者对该产品的各种属性的重视程度，然后根据这两方面进行分析，再选定本公司产品的特色和独特形象。

市场定位的内容包括：①产品定位，侧重于产品实体定位，质量、成本、特征、性能、可靠性、用性、款式等；②企业定位，即企业形象塑造，品牌、员工能力、知识、可信度等；③竞争定位，即确定企业相对于竞争者的市场位置；④消费者定位，即确定企业的目标顾客群。

2. 市场竞争战略

每个企业都要依据自己的目标、资源和环境，以及在目标市场的地位，来制定竞争战略。即使在同一企业中，不同的业务、不同的产品也有不同的要求。因此，企业应当确定自己在目标市场上的竞争地位，然后根据自己的市场定位选择适当的营销战略和策略。根据企业在目标市场上所起的作用，可以将企业分为以下几种类型：市场领导者、市场挑战者、市场跟随者和市场利基者。

（1）市场领导者

市场领导者是指在相关产品的市场上占有率最高的企业。一般来说，大多数行业中都有一家企业被公认为市场领导者，它在企业营销组合的各个方面处于主导地位，是市场竞争的领导者，也是竞争者挑战、效仿或回避的对象。在竞争中，这些市场领导者地位的是自然形成的，但不是固定不变的。因此，处于市场领导者地位的企业必须随时保持警惕并采取适当的措施。一般来说，市场领导者为了维护自己的领导地位，通常采取三种策略：一是设法扩大整个市场需求；二是采取有效的防守措施和攻击措施，保持现有的市场占有率；三是在市场规模保持不变的情况下，进一步扩大市场占有率。

（2）市场挑战者

在行业名列前茅的企业称为亚军企业或者追赶企业。这些亚军企业对待当前的竞争情势有两种态度：一是向市场领导者和其他竞争者发动进攻，以夺取更大的市场占有率，这时可称它们为市场挑战者；二是维持现状，避免与市场领导者和其他竞争者产生争端，这时称它们为市场追随者。

市场挑战者为了战胜市场领导者一般采用的战略如下：

第一，进攻市场领导者。这一战略风险较大，但潜在的收益可能较高。为取得进攻的成功，挑战者要认真调查、研究顾客的需要及产品不足之处，这些就是市场领导者的弱点和失误。

第二，攻击与自己规模相当者。对一些与自己势均力敌的企业，市场挑战者可选择其中经营不善而发生危机者作为攻击对象，以夺取它们的市场。

第三，攻击区域性小型企业。一些地方小企业，常因经营不善而发生财务问题，市场挑战者企业可将其作为挑战的攻击对象。

（3）市场跟随者

并非所有在行业中处于第二名的公司都会向市场领导者挑战，因为这种挑战会遭到市场领导者的强烈报复，最后可能无功而返，甚至一败涂地。因此，除非挑战者能够在某些方面赢得优势，否则它们往往宁愿追随领导者，也不愿对领导者贸然发动攻击。这种“自觉并存”状态，在资金密集且同质性高的行业中是很普遍的现象。

市场跟随者的主要策略是：更好地维持现有顾客，并争取一定数量的新顾客，设法建立自身的独特优势，不能单纯模仿领导者，尽力降低成本。

（4）市场利基者

几乎每个行业都有一些小企业，它们专心致力于市场中被大企业忽略的某些细分市场，在这些小市场上通过专业化经营来获取最大限度的收益。这种有利的市场位置就被称为“利基”，而所谓市场利基者，就是指占据这种位置的企业。

市场利基者的主要策略是专业化，企业必须在营销组合方面实现专业化。在选择市场利基时，营销者通常选择两个或两个以上的利基，以确保企业的生存和发展。

二、企业产品战略

产品战略是指企业通过提供不同产品来满足不同市场需求的战略。产品战略和市场战略是相互配合的，并最终支持企业的总体战略计划。

1. 产品定位战略

产品定位是指将产品投入比其他竞争者产品更受欢迎的细分市场。产品应该和市场相互配合，并通过产品定位与竞争品牌区别开来。产品定位表示产品代表什么、是什么以及消费者将如何评价。

产品定位需要进行产品设计和与消费者沟通，因为产品的定位主要是定位于消费者的心理。这就需要不断地了解消费者的需求，同时和其他的竞争者进行区别。一般来说，产品定位主要有两种策略：一是单一品牌定位策略；二是多品牌定位策略。

单一品牌定位是指企业的各种产品使用相同的品牌推向市场的定位策略。采用单一品牌策略可以降低成本，实现效益最大化。进行单一品牌定位时，各个产品之间的属性和质量的差别要比较小，而且企业必须在起主导作用的市场里确定一个核心的细分市场，通过这个核心的细分市场吸引消费者。企业采用单一品牌策略必须能够抵御来自竞争者的强大冲击，而且要建立企业在消费者心目中的独特地位，并通过企业的营销等各方面的行为，持续不断地保持这种竞争优势，这是企业成功进行单一品牌管理的关键。

多品牌定位是指同一企业生产的产品分别使用不同品牌的定位战略。采用多品牌策略可以通过向不同的细分市场提供不同的产品，实现企业效益的最大化，还可以有效地避免竞争者对单一品牌的强烈冲击。多品牌定位的管理应该注意：对于每个品牌都明确主要的细分市场，避免自有品牌之间相互残杀，降低企业的收益；推出新品牌的时候，各种品牌相互竞争的程度是企业能够接受的，考虑竞争者可能带来的冲击程度；需要企业强大的资源和财务实力的支持。企业产品的定位并不是一成不变的，而是一个持续变化的过程。企业必须根据市场环境的变化，不断地调整企业的产品定位，以便在激烈的竞争中保持自身的竞争优势。

2. 产品组合战略

产品组合战略是指一个企业生产或经营的全部产品线和产品项目的结构，即产品类型和品牌之间的配合战略，是对企业业务单位的任务指示。决定企业生产的类型，有助于选择产品组合的产品和服务。产品组合战略是涉及企业发展规划的长期计划安排，必须经过周密的制订，并随时根据情况的变化调整企业的产品组合。产品组合战略主要包括单一产品战略和多产品战略。

单一产品战略是指企业只生产一种产品，并且必须依靠这种产品才能取得成功。优势是：企业生产的产品专业性较强，有助于达到规模经济效益；企业生产管理更有效率；企业专注于小范围的产品，发展更为专业化，能够承受竞争的冲击。实施单一产品战略的劣势是：如果环境发生变化，企业可能面临灭顶之灾。

多产品战略是指企业面对市场提供两种以上产品的战略。提供多产品，可以使企业增强应对环境变化的能力，而且企业各个不同产品之间是相互补充的，可以实现规模增长。企业的多产品线可以是相关的也可以是不相关的，相关产品由不同的产品线和产品组成。

3. 新产品开发战略

新产品的开发是企业发展的生命线，是企业持续不断地保持竞争优势、实现利润最大化的关键。通过新产品战略企业能够更好地维持其现有产品的优势，新产品开发战略主要有以下四个选择。

（1）产品改进和调整

产品改进和调整是指在原有产品的基础上，采用新技术、新材料、新结构显著改善其性能。原有产品可能由于环境的变化而进入产品生命周期的成熟期，使企业的利润降低，或者由于竞争者的跟进，使产品的竞争优势降低，从而需要改进和调整。此战略可使产品获得重生，并与竞争产品有效地区别开来。企业可以通过新产品定位，迎合不同消费者的需求，与竞争产品进行仔细地对比分析，发现企业产品的独特竞争优势和竞争潜力。

（2）模仿战略

企业推出一种市场上已经存在的新产品时，采取的就是产品模仿战略。企业通过这种战略，可以减少产品研发的费用，使企业更具价格优势，进行追随性竞争，以此分享收益。在没有专利保护的情况下，企业可以设计、生产与发明者差别不大的产品，同发明者进行有力的竞争。模仿战略可以使企业有效地规避产品创新过程中的风险，但并不是对所有成功的仿制都会成功，只有对营销计划进行不断创新，才能有效地增加市场份额和销售量。

（3）产品创新战略

产品创新战略是指企业运用新技术、新工艺、新材料生产与制造全新的产品。企业可以通过产品的创新提高市场占有率，获得巨大的收益。产品创新需要企业投入大量精力和财力进行跨组织管理，所以一般创新都是由大企业完成的。新产品的开发不仅要考虑企业的开发能力，还要考虑开发出产品以后的生产能力，以及产品推向市场的营销方案的制定等一系列的工作。

（4）产品生命周期战略

产品生命周期是指产品从投入市场开始到退出市场为止所经历的全部时间。如同人的生命一样，产品的生命周期也经历了一个诞生、成长、成熟及衰退的过程，因此，我们把产品的生命周期分为投入期、成长期、成熟期和衰退期四个部分。在不同时期，企业的销售额、利润、竞争条件等会不断发生变化，在产品的各个不同时期，企业需要采用不同的市场营销战略、财务战略和生产战略等。

第二章　沙盘模拟企业经营

第一节　模拟企业概况

一、模拟企业简介

所模拟的企业是一家典型的离散型制造企业，创建已有 3 年。该企业长期以来一直专注于某行业 P 系列产品的生产与经营，这几年已经研发完成了 P1 产品，并在本地市场销售，有一定知名度，客户也很满意。目前企业拥有自主厂房——大厂房，其中安装了三条手工生产线和一条半自动生产线，运行状态良好，所有生产设备全部用于生产 P1 产品。

经过三年的发展，公司的增长已经放缓，生产设备陈旧；产品、市场单一；企业管理层长期以来墨守成规地经营，导致企业已缺乏必要的活力，目前虽尚未衰败，但也近乎停滞不前。鉴于此，公司董事会及全体股东决定将企业交给一批优秀的新人去发展，他们希望新的管理层能够把握时机，抓住机遇，投资新产品开发，使公司的市场地位得到进一步提升；在全球市场广泛开放之际，积极开发本地市场以外的其他新市场，进一步拓展市场领域；扩大生产规模，采用现代化生产手段，努力提高生产效率，全面带领企业进入快速发展阶段。

二、沙盘模拟方法

1. 资金

资金用灰币表示，每个灰币代表 1M（M 表示模拟货币单位，1M 代表一百万元）。除了放在现金区域的灰币表示现金外，放在其他地方的灰币代表企业不同的资产。

2. 原材料

该企业生产共有四种原材料，分别是 R1、R2、R3 和 R4，用彩币表示，颜色分别为红、橙、蓝、绿。每个原材料价值都是 1M。原材料的预订用空桶表示，比如，在 R1 订单处摆放 1 个空桶表示订购了 1 个 R1 原材料。

3. 产品

共有四种产品，分别是 P1、P2、P3 和 P4，表示方法为在空桶内放上加工费和相应原材料，生产产品需要加工费 1M，生产不同产品需要的原材料不同。

生产 P1 产品，需要 1 个 R1 原材料；生产 P2 产品需要 1 个 R1 原材料和 1 个 R2 原材料；生产 P3 产品，需要 2 个 R2 和 1 个 R3 原材料；生产 P4 产品，需要 1 个 R2、1 个 R3 和 2 个 R4 原材料。

在 1 个空桶内放入 1M 加工费（1 个灰币）和 1 个 R1 原材料（1 个红币）表示 P1 产品。其他产品表示方法类似。

产品包括产成品和在制品，表示方法相同。产成品是指已经生产完工并且入库的产品，在制品是正在生产线上生产尚未完工的产品。

4. 应收款

企业销售产品一般不会马上获得现金，而是应收款。应收款的表示方法为：一个空桶内放入相应价值的资金摆放在应收款的相应账期区域。比如，如果企业销售过程中，获得了 3Q（Q 表示模拟企业经营的时间单位，在模拟经营过程中，将一年划分为四个季度，每个季度用 Q 表示）应收款 15M，取 15 个灰币放在空桶内，摆放到应收款区域 3Q 处。

5. 银行贷款

银行贷款用空桶表示，放在贷款区域，每个空桶代表 20M 贷款。贷款包括长期贷款、短期贷款和高利贷。

三、模拟企业初始状态

1. 生产中心初始设定

本企业拥有大厂房，价值 40M，该厂房可以容纳六条生产线，目前已经购置了四条生产线，分别是三条手工生产线和一条半自动生产线，扣除折旧后，目前手工生产线的净值为 3M，半自动生产线净值为 4M。

该企业每条生产线上各有 1 个 P1 产品在生产。手工生产线有三个生产周期，靠近产成品仓库的为第一生产周期，三条手工生产线上的三个 P1 在制品分别位于第一、第二和第三生产周期。半自动生产线有两个生产周期，P1 在制品位于第一周期。

2. 物流中心初始设定

该企业目前 R1 原材料库中有 3 个原材料，还已向供应商发出了采购订货意向，已预订了 2 个 R1 原材料。

该企业产成品有库存，在 P1 产品库中有三个成品。

3. 财务中心初始设定

该企业有现金 20M，三期应收款为 15M。

该企业还向银行进行了融资，有 40M 长期贷款，分别将在 4 年后和 5 年后各偿还 20M。

4. 营销中心初始设定

该企业拥有 P1 产品生产资格和本地市场销售资格。

四、模拟企业财务状况

模拟企业总资产为 105M（1.05 亿），其中流动资产 52M，固定资产 53M，负债 41M，所有者权益 64M。

1. 流动资产

流动资产包括现金、应收款、存货等，其中存货又分为在制品、产成品和原材料。该企业现有现金 20M；3 个账期的应收款为 15M；4 个 P1 在制品，每个价值 2M，共 8M；P1 产品库有 3 个 P1，每个价值 2M，共 6M；R1 原材料仓库有 3 个 R1，每个价值 1M，共 3M。

以上各项相加流动资产总价值 52M。

2. 固定资产

固定资产包括土地和建筑、机器与设备和在建工程。在模拟企业中土地和建筑仅指厂房，目前企业拥有大厂房，价值 40M；机器与设备在模拟企业中仅指生产线净值，目前企业有 3 条手工生产线和 1 条半自动生产线，每条手工生产线净值为 3M，半自动生产线净值为 4M，共 13M；在建工程在模拟企业中指正在安装的生产线，根据安装过程中的总投资额确定价值，目前企业没有在建工程。

以上各项相加，企业固定资产总价值 53M。

3. 负债

负债包括短期负债、长期负债、应付账款和应交税金。短期负债指的各种短期借款，包括短期贷款和高利贷，目前企业没有短期负债；长期负债指企业的长期贷款，目前企业共有 40M 长期贷款，分别需在 4 年后和 5 年后各还 20M；应付账款指企业需要偿付的原材料采购款，或者由于企业间交易需要偿付的货款，通常情况下，应付账款为 0；应交税金指企业盈利后，根据税法计算出来的需要交给税务部门的税金，但由于时差原因，尚未及时交付，目前企业的应交税金为 1M。

以上各项相加，企业总负债为 41M。

4. 所有者权益

所有者权益包括股东资本、利润留存、年度净利等。股东资本指股东的投资，一般保持不变，模拟企业股东资本 50M；利润留存指历年积累下来的年度利润，目前利润留存为 11M；年底净利是指该企业当年的净利润，初始年年底净利为 3M。

以上各项相加，所有者权益为 64M。

该企业目前的资产负债表和利润表见表 2-1 和表 2-2。

表 2-1　资产负债表

单位：百万元

资产	期末数	负债和所有者权益	期末数
流动资产：		负债：	
现金	20	长期负债	40
应收款	15	短期负债	
在制品	8	应付账款	
成品	6	应交税金	1
原料	3	负债合计	41
流动资产合计	52		
固定资产：		所有者权益：	
土地和建筑	40	股东资本	50
机器与设备	13	利润留存	11
在建工程		年度净利	3
固定资产合计	53	所有者权益合计	64
资产总计	105	负债和所有者权益总计	105

表 2-2　利润表

单位：百万元

项目	本期数
销售收入	35
直接成本	12
毛利	23
综合费用	11
折旧前利润	12
折旧	4
支付利息前利润	8
财务收入/支出	4
其他收入/支出	
税前利润	4
所得税	1
净利润	3

五、关于财务报表的几点说明

1. 流动资产

使用直接清点盘面的方法，流动资产代表资产的筹码数量。要注意的是在制品和成品填报的不是产品的数量，而是产品的价值，比如库存有 4 个 P1，那么填报表时，不是填 4M，而是填 8M，因为每个 P1 价值 2M，4 个 P1 价值 8M。在制品也是一样。

2. 固定资产

土地和建筑指的是厂房，如果拥有大厂房则加 40M，如果拥有小厂房，则加 30M，如果没有厂房，则为 0。

机器与设备是生产线的净值，即计提折旧后的残值。

在建工程指生产线投资未完成时的状态。例如：投资一条全自动生产线一共需四个季度，每个季度投 4M，如果投了两个季度，还有两个季度未投，填报表时，则填 8M，在报表中属于在建工程项目。

3. 负债

长、短期负债表示公司长、短期贷款，每个空桶表示 20M，根据盘面上摆放的空桶数量填报。

如果公司间有交易发生，并且有应收应付发生，则销售方在应收款填报，购买方在应付账款填报具体数目。

应交税金直接填利润表中的所得税项。

4. 所有者权益

股东资本 50M，经营期间，股东资本一直保持不变。

利润留存是历年经营利润相加的结果，利润留存=上一年度利润留存＋上一年度年度净利，举例说明：如果上一年度利润留存为 16M，上一年度年度净利为 2M，则本年度利润留存为 18M。

年度净利直接填报利润表的净利润。

5. 利润表

① 销售收入是公司销售产品、原材料后所取得的收入，不包括变卖生产线、出售厂房取得的收入。其中变卖生产线将残值计入现金收入，如果净值大于残值，则多余部分放在盘面“其他”处，算作固定资产清理损失。

② 直接成本计算的是售出产品的价值，比如，今年一共卖了 2 个 P1，3 个 P2，则直接成本为 $2\times2+3\times3=13$M（每个 P1 价值 2M，每个 P2 价值 3M）。

以下为公司间交易销售收入和成本的确认案例分析。

比如 A 公司有一张订单，产品数量为 3P1，单价为 5.3M，销售额为 16M，如果

3 个产品都由 A 公司自行生产，则销售额为 16M，直接成本为 6M；如果其中有 2 个产品由 B 公司提供，谈判后确定价格为 5M/个，则：

对于 A 公司来说，直接成本由两部分组成，一部分就是自己生产的 1 个 P1，直接成本为 2M，一部分是由 B 公司提供的 2 个 P1，直接成本就是购买时花费的钱 10M，因此，这张订单的直接成本就是 12M，销售收入仍然为 16M。

对于 B 公司来说，他没有订单，但仍然有产品销售，因此也应该确认销售收入和成本，其销售收入就是销售 2 个 P1 取得的收入 10M，直接成本就是 2 个 P1 的价值 4M。

公司间的原材料交易与此类似。

③ 毛利=销售收入－直接成本。

④ 综合费用填报综合管理费用明细表的合计数。

⑤ 折旧前利润=毛利－综合费用。

⑥ 折旧是按照平均折旧法对每条生产线进行折旧，所有生产线折旧的合计数填报在利润表的“折旧”处。

⑦ 支付利息前利润=折旧前利润－折旧。

⑧ 财务收入/支出，在沙盘经营中只有财务支出，没有财务收入，指的是用于筹资时发生的各项费用，包括长、短期贷款的利息和贴息、高利贷的利息支出。

⑨ 其他收入/支出，在沙盘经营中没有其他收入/支出。

⑩ 税前利润=支付利息前利润－财务支出。

⑪ 所得税=税前利润÷4（向上取整），如：税前利润为 10，则所得税为 10÷4 取整后为 3。注：不需要四舍五入。

⑫ 净利润=税前利润－所得税。

第二节　沙盘模拟竞争规则

企业是社会经济的基本单位之一，其发展受到自身条件和外部环境的双重制约。企业的生存与企业间的竞争不仅要遵守国家的各项法规及行政管理规定，还要遵守行业内的各种约定。在开始模拟竞争前，企业管理层必须了解并熟悉各方面的操作规则，才能做到合法、诚信经营，才能在竞争中求生存、求发展。

一、企业经营的本质

企业是指从事商品生产、流通和服务等活动，为满足社会需要，进行自主经营、自负盈亏、具有法人资格的经济组织。

经营是指企业以市场为对象，以商品生产和商品交换为手段，为了实现企业的目标，使企业的投资、生产、销售等经济活动与企业的外部环境保持动态平衡的一系列有组织的活动。

企业是一个以赢利为目的的组织。企业管理的目标可概括为生存、发展、赢利三方面。

1. 企业生存

企业在市场上生存下来的基本条件：一是以收抵支；二是到期还债。这从另一个角度告诉我们，如果企业出现以下两种情况，就将宣告破产。

（1）资不抵债

如果企业所取得的收入不足以弥补其支出，导致所有者权益为负时，企业就会破产。

（2）现金断流

如果企业的负债到期，无力偿还，债权人会来讨债，企业就会破产。

在模拟经营中一旦破产条件成立，就请指导教师裁夺。一般可能有三种处理方式：第一，如果企业盘面能让股东、债权人看到一线希望，股东可能增资，债权人可能债转股；第二，企业联合或兼并；第三，破产清算。

2. 企业赢利

企业经营的本质是股东权益最大化，即赢利。而从利润表中的利润构成中不难看出赢利的主要途径：一是扩大销售（开源）；二是控制成本（节流）。

（1）扩大销售

利润主要来自于销售收入，而销售收入由销售数量和产品单价两个因素决定，提高销售数量有以下几种方式：

① 扩张现有市场，开拓新市场。

② 研发新产品。

③ 扩建或改造生产设施，提高产能。

④ 合理加大广告投放力度，进行品牌宣传。

提高产品单价受很多因素制约，但企业可以选择单价较高的产品进行生产。

（2）控制成本

产品成本分为直接成本和间接成本两种。

① 降低直接成本。直接成本主要包括构成产品的原材料费和人工费。在沙盘模拟课程中，原材料费由产品的 BOM，结构决定，在不考虑替代材料的情况下没有下降的空间；用不同生产线生产同一产品的加工费也是相同的，因此在模拟课程中，产品的直接成本是固定的。

② 降低间接成本。从节约成本的角度，我们不妨把间接成本区分为投资性支出和费用性支出两类。投资性支出包括购买厂房、投资新的生产线等，这些投资是为

了扩大企业的生产能力而必须发生的；费用性支出包括营销广告、贷款利息等，通过有效筹划可以节约一部分成本。

二、市场规则

企业的生存和发展离不开市场这个大环境。谁赢得市场，谁就赢得了竞争。市场是瞬息万变的，变化增加了竞争的对抗性和复杂性。

1. 市场划分与市场准入

市场是企业进行产品营销的场所，标志着企业的销售潜力。根据市场地理位置可将其划分为：本地市场、区域市场、国内市场、亚洲市场、国际市场。该企业目前仅拥有本地市场销售资格，其他市场还有待开发。

（1）市场开发

在进入某个市场之前，企业一般需要进行市场调研、选址办公、招聘人员、搞好公共关系、策划市场活动等一系列工作。而这些工作均需要消耗资源（包括资金和时间）。由于各个市场地理位置和地理区域划分不同，开发不同市场所需的时间和资金投入也不同，在市场开发完成之前，企业没有进入该市场销售的权利。

开发不同市场所需的时间和资金投入，具体规定见表 2-3。

表 2-3　市场开发费用及时间

市场	开发费用	持续时间
本地	无	
区域	1M	1 年
国内	2M	2 年
亚洲	3M	3 年
国际	4M	4 年

企业目前在本地市场经营，新市场包括区域、国内、亚洲、国际市场，不同市场投入的费用及时间不同，只有市场投入全部完成后方可接单。

市场开发规则：

① 每个市场每年只需投入 1M，将投资放在的“市场准入”位置处。

② 市场开发可以同时进行。

③ 金短缺时可以中断，有资金才可继续，但投出去的钱不允许收回。

④ 开发费用按开发时间平均支付，不允许加速投资。

⑤ 市场开发完成后，领取相应的市场准入证。

⑥ 市场开发费用计入综合管理费用。

（2）市场准入

进行市场投资时，将 1M 投入“市场准入”的位置。市场开发完成后，换取准入证，将其放在盘面的相应位置处。只有拿到准入证才能参加相应市场的订货会。

对于所有已进入的市场来说，如果因为资金或其他方面的原因，企业某年不准备在该市场进行广告投放，那么也必须投入 1M 的资金维持当地办事处的正常运转，否则就被视为放弃了该市场。再次进入该市场时需要重新开发。（注：该规则可根据学生情况决定是否采用。）

2. 销售会议与订单争取

销售预测和客户订单是企业生产的依据。销售预测从商业周刊得到，对所有企业而言是公开而透明的。众所周知，客户订单的获得对企业的影响是至关重要的。

（1）销售会议

销售会议每年一次，每年初举行。每年初各企业的销售经理与客户见面并召开销售会议，根据市场地位、市场投入、市场需求及竞争态势，按规定程序领取订单。

（2）市场地位

市场地位是针对每个市场而言的。企业的市场地位根据上一年度各企业的销售额排列，销售额最高的企业称为该市场的“市场领导者”，俗称“市场老大”。“市场老大”在该市场上所有市场订单优先选取，一旦在该市场上不能按时交单，则丧失“市场老大”地位。“市场老大”每年评选一次，因此，每年“市场老大”都可能出现变化。

注：销售额是计算该企业在该市场所有已销售产品的金额，在该市场有“违约”情况的企业不参与该市场“市场老大”的评选，但可参与其他市场的评选。

（3）广告投放

投入广告费有两个作用：一是获得争取订单的机会；二是判断选单顺序。广告分为产品广告和认证广告两种。

企业要实现销售，需要有销售订单，订单是在销售会议上通过广告的方式取得，如果不投放产品广告，就没有选取订单的机会。广告是分市场、分产品投放的，投入 1M 有一次选取订单的机会，一次机会允许取得一张订单；以后每多投 2M 增加一次选单机会。如：投入 7M 最多可以拿 4 张订单，但能否拿到 4 张订单取决于市场需求、竞争态势等；投入 2M 最多只能拿一张订单，只是比投入 1M 优先拿到订单。广告费计入综合管理费用。

如果要获取有 ISO 要求的订单，必须获得 ISO 认证资格证书，并且在当年的广告费中投入 ISO 认证的广告费，每个市场相关的认证 1M。

在“竞单表”中按市场、产品登记广告费用。“竞单表”见表 2-4。

表 2-4　第 4 年 B 组广告投放情况

第 4 年 B 组本地				第 4 年 B 组区域				第 4 年 B 组国内				第 4 年 B 组国际			
产品	广告	9K	14K	产品	广告	9K	14K	产品	广告	9K	14K	产品	广告	9K	14K
P1	2														
P2	3	1	1	2			1					2		1	
P3								3							
P4												5			

说明：

① 竞单表中设有 9K（代表“ISO 9000”）和 14K（代表“ISO 14000”）两栏，这两栏的投放不是认证费用，而是取得认证之后的宣传费用，该投入对该市场所有产品有效。

② 如果希望获得标有“ISO 9000”和“ISO 14000”的订单，必须在相应的栏目中投入 1M 广告费。

（4）客户订单

市场需求客户订单卡片的形式表示，如图 2-1 所示。卡片上标注了市场、产品、产品数量、单价、订单价值总额、账期、特殊要求等要素。

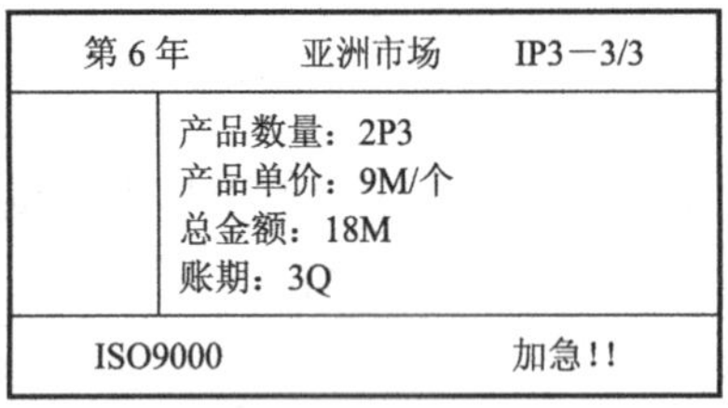

图 2-1　客户订单

如果没有特别说明，普通订单可以在当年的任一季度交货。如果由于产能不足或其他原因，导致本年不能按时交货，企业为此会受到以下处罚：

① 因不守信用，市场地位下降一级，如果是“市场老大”，则取消“市场老大”资格，丧失优先竞单权力。

② 下一年该订单必须最先交货。

③ 交货时扣除该张订单总额的 25%（取整）作为违约金。

如果订单卡片上标注有“加急!!”字样，则必须在第一季度交货，延期罚款处置同上所述。因此，营销总监接单时要考虑企业的产能。当然，如果其他企业乐于合作，不排除委外加工的可能性。

如果订单卡片上标注了“ISO 9000”或“ISO 14000”，那么要求生产企业必须取得了相应认证并投放了认证的广告费用，只有两个条件均具备，才能得到这张订单。

如果上年“市场领导者”没有按期交货，市场地位下降，则本年度该市场没有“市场领导者”。

订单上的应收账期代表客户支付货款的时间：如果为 0Q 账期，则代表客户收到货物后立刻用现金支付货款；如果为 3Q 账期，代表客户 3 个季度后才支付货款，对企业而言目前交货后产生了应收账款。

（5）订单争取

在每年一度的销售会议上，将综合企业的市场地位、广告投入、市场需求及企业间的竞争态势等因素，按规定程序领取订单。客户订单按照市场划分，具体选单流程如下。

① 各公司将广告费按市场、产品填写在广告登记表中。

② 订货会依照本地、区域、国内、亚洲和国际市场的顺序依次召开，在每个市场中依照 P1、P2、P3 和 P4 的顺序，依次选单，对于已经结束选单的市场或产品，同一年份中，不允许再进行选单。

③ 产品广告确定公司对订单的需求量。

④ 排定选单顺序，选单顺序依据以下原则确定：

- 由上一年本市场的“市场领导者”优先选单。
- 按每个市场单一产品的广告投放量，其他企业依次选择订单。
- 如果对同一市场、同一个产品投入的广告费用相同时，按照投入本市场的广告费总额（包括 ISO 认证的广告），排定选单顺序。
- 如果该市场广告投入总量也一样时，按照上年在该市场各产品订单总额的排名次序，排定选单顺序。
- 如果以上情况仍不能确定选单顺序时，则采用非公开招标方式，由双方提出具有竞争力的竞单条件，由客户选择。

⑤ 按选单顺序分轮次进行选单，有资格的公司在各轮次中只能选择一张订单。当第 1 轮选单完成后，如果还有剩余的订单，还有选单机会的公司可以按选单顺序进入下一轮选单。

三、企业运营规则

现实生活中，企业的运营涉及融资、投资、生产等各个方面，并受到来自各方面条件的制约，需要遵循各项法律、法规。例如，仅财务中的税收一项，就包括增值税、营业税、所得税及其他税。其内容之多，在模拟训练中，不可能面面俱到，只能采取相对简化的方式，抓大放小，做到简单而有效。因此，在模拟运营以前，必须熟悉和了解模拟企业所需要遵守的各项规则，才能合法有效经营。

1. 融资

资金是企业的“血液”，是企业进行一系列经营活动的前提和基础。在本课程中，模拟企业尚未上市，因此其融资渠道主要是银行贷款、高利贷和应收账款贴现。下面对比几种融资方式，见表 2-5。

表 2-5　融资方式说明

融资类型	融资时间	融资额度	年息	还款方式
长期贷款	每年年末	权益的 2 倍	10%	年底付息，到期还本
短期贷款	每季度初	权益的 2 倍	5%	到期一次还本、付息
高 利 贷	任何时间	最多 20M	15%	到期一次还本、付息
资金贴现	任何时间	视应收款额	1∶6	变现时贴息

说明：

（1）贷款额度

长期贷款、短期贷款、高利贷均必须按 20M 的倍数申请。如果权益为 11～19M，只能按 10M 的 2 倍申请短期贷款；如果上年权益低于 10M，将不能获得长期贷款、短期贷款。

（2）长、短期贷款的时间

长期贷款每年只有一次，即在每年年末；短期贷款每年为 4 次，分别为每季度初。

（3）贷款规则

① 长期贷款每年必须归还利息，到期还本，本利双清后，如果还有贷款额度时，才允许重新申请贷款。如果有贷款需要归还，同时还拥有贷款额度时，必须先归还到期的全部长期贷款，才能申请新贷款。不能以新长贷还旧长贷（续贷），短期贷款也必须按本规定执行。

② 结束年时，不要求归还没有到期的长、短期贷款。

③ 长期贷款最多可贷 5 年。

（4）高利贷规则

高利贷可以随时申请，即在运行过程的任何时间，都可以申请高利贷，但高利贷计息时间为运行当季的短期贷款申请时间，并随短期贷款的更新时间更新。高利贷必须按照短贷归还时间进行还本付息。

（5）贴现规则

若提前使用应收款，必须按 6∶1 提取贴现费用，即从应收账款中取 7M 或 7 的整数倍数的应收账款，6M 或 6 的整数倍数放入现金，其余为贴现费用（只能按 7 的倍数贴现）。只要有足够的应收账款，可以随时贴现（包括次年支付广告费时，使用应收贴现）。

2. 投资

面对全球激烈的竞争环境，企业必须提升综合竞争力，重视企业硬件设施建设的同时，还需要重视企业内部软件力量的构建，投资则是必然的。投资包括固定资产投资和无形资产投资。在本课程中，固定资产投资主要是购买厂房、购建生产线；无形资产投资主要是开拓市场、认证开发和产品研发等。

（1）厂房

企业目前自主拥有大厂房，价值 40M。另有小厂房可供选择使用，有关各厂房购买、租赁、出售的相关信息见表 2-6。

表 2-6　厂房使用规则

厂房	买价	租金	售价	容量
大厂房	40M	5M/年	40M（4Q）	6 条生产线
小厂房	30M	3M/年	30M（4Q）	4 条生产线

① 厂房变卖

厂房可以在运行的每个季度规定的时间进行变卖。变卖时，需要财务总监携带运行记录本、“应收账款登记表”和厂房价值（大厂房：40M，小厂房：30M），到交易处进行交易。经核准运作时间后，由交易处收回厂房价值，发放4Q的应收账款欠条，并在“应收账款登记表”中登记。

② 购买厂房

购买厂房只能在每年年末规定的时间进行，购买时只需要将等值现金放到厂房价值位置即可。如果厂房中有生产线，购买厂房可不支付当年的厂房租金，即到缴纳厂房租金的操作时，在购买厂房与缴纳租金中，只选择一种操作即可。

③ 支付厂房租金

是否支付厂房租金的判定条件是：当运行到“支付租金”任务项时，如果厂房中有生产线，则不管什么时间投资的，也不管厂房是否是当年出售的，都需要支付租金。如果当年使用过厂房（其中有过生产线），但到最后一个季度将生产线出售了。也就是说运行到“支付租金”项目时，厂房中已经没有生产线了，这种情况不需要缴纳租金。已购买的厂房不需要缴纳租金。大厂房租金 5M，小厂房租金 3M。

说明：厂房可以先使用，年末再决定是购买还是租赁，厂房不计提折旧。

（2）生产线

企业目前拥有三条手工生产线和一条半自动生产线，另外可供选择的生产线还有全自动生产线和柔性生产线。不同类型生产线的主要区别在于生产效率和灵活性不同。生产效率是指单位时间生产产品的数量、生产周期；灵活性是指转产生产新产品时设备调整的难易度。有关生产线购买、转产与维修、出售的相关信息见表 2-7。

表 2-7 生产线使用规则

生产线	购买价格	安装周期	生产周期	变更周期	变更费用	维护费用	出售残值
手工线	5M	无	3Q	无	无	1M/年	1M
半自动	8M	2Q	2Q	1Q	1M	1M/年	2M
全自动	16M	3Q	1Q	2Q	4M	1M/年	3M
柔性线	24M	4Q	1Q	无	无	1M/年	4M

① 购买生产线

购买生产线必须按照该生产线的安装周期分期平均投资并安装，如柔性生产线安装操作说明见表 2-8。

表 2-8　柔性生产线安装过程说明

操作	投资额	安装完成
1Q	6M	启动 1 期安装
2Q	6M	完成 1 期安装，启动 2 期安装
3Q	6M	完成 2 期安装，启动 3 期安装
4Q	6M	完成 3 期安装，启动 4 期安装
5Q		完成 4 期安装，生产线建成

② 生产线折旧

正在投资尚未完成的生产线，计入在建工程，当年不提折旧；当年完工的生产线，计入机器设备，但不提折旧；从下一年开始，按余额递减法计提折旧，设备净值的 1/3（向下取整）计提折旧，比如，生产线净值为 8M，计提折旧时 8/3，取整后应提折旧 2M。计提折旧时，从生产线净值处取出相应的折旧数额（本例中为 2M），放在盘面折旧处。设备价值＜3M 时，每次提折旧 1M，直至提完。

在教学过程中，教师可以变更规则，折旧变更如下：

每条生产线单独计提折旧，分 4 年折旧到残值，折旧到残值后不再计提折旧，各种生产线每年折旧额的计算如表 2-9 所示。

表 2-9　各种生产线每年折旧额

生产线	购置费	残值	折旧额				
			建成第 1 年	建成第 2 年	建成第 3 年	建成第 4 年	建成第 5 年
手工线	5M	1M	0	1M	1M	1M	1M
半自动	8M	2M	0	2M	2M	1M	1M
全自动	16M	3M	0	5M	3M	2M	2M
柔性线	24M	4M	0	8M	5M	3M	2M

完成规定年份的折旧后，生产线可以继续使用，但不用提取折旧。生产线的剩余的残值可以保留，直到该生产线变卖为止。当年新建成的生产线不提折旧。

③ 生产线变卖

出售生产线时，如果该生产线净值≤残值，将生产线净值直接转到现金库中；如果该生产线净值＞残值，从生产线净值中取出等同于残值的部分置于现金库，将差额部分置于综合费用的“其他“处。

④ 生产线转产

生产线转产是指生产线转产生产其他产品，如半自动生产线原来生产 P1 产品，如果转产 P2 产品，需要改装生产线，因此需要停工一个周期，并支付 1M 转产费用。

如全自动生产线原来生产 P1 产品，如果转产 P2 产品，需要改装生产线，因此需要停工两个周期，并支付 4M 转产费用。

⑤ 生产线维护

为了确保生产线正常生产，每条生产线每年需交付 1M 维护费。已经出售的生产线不需交维护费；正在投资尚未使用的生产线，不需要交维护费；当年新完成的生产线不需要交维护费。

（3）ISO 认证

目前，ISO 9000 系列标准已被全世界 80 多个国家和地区的组织所采用，这里的 ISO 为国际标准化组织，满足了广大组织质量管理和质量保证体系方面的需求。ISO 9000 系列标准是对组织的活动、产品和服务从原材料的选择、到产品的设计、加工、销售、运输、使用以及最终废弃物的处置进行了全过程的管理方面的要求。

随着中国加入 WTO，客户的质量意识及环境意识越来越清晰。经过一定时间的市场孕育，最终会反映在客户订单中。随着时间的推移，越来越多的订单将会要求企业通过 ISO 认证。企业要进行 ISO 认证，需要经过一段时间并花费一定费用，见表 2-10。

表 2-10　ISO 认证规则

ISO 类型	每年投资额	完成认证投资	最小投资周期
ISO 9000	1M	2M	2 年
ISO 14000	1M	3M	3 年

认证投资操作：

① 每年按照投资额将投资放在 ISO 证书位置。

② 两项认证可以同时进行。

③ 资金短缺的情况下，投资随时可以中断。

④ 当投资完成后，领取相应 ISO 资格证。

⑤ 只有获得 ISO 资格证后才能在市场中投入 ISO 广告，取得相应订单。

⑥ ISO 认证投资计入当年综合管理费用。

（4）产品研发

要想生产某种产品，先要获得该产品的生产资格证。而要获得生产许可证，则必须经过产品研发。目前所有企业都已经取得了 P1 产品的生产许可证，可以在本地市场进行销售。根据预测，另有技术含量依次递增的 P2、P3、P4 产品有待开发。研发需要分期投入研发费用，投资规则见表 2-11。

表 2-11 产品研发说明

产品	每季度投资额	完成研发所需投资	最小投资周期
P2	1M	5M	5Q
P3	2M	10M	5Q
P4	3M	15M	5Q

产品研发投资操作说明：

① 每季度按照投资额将现金放在生产资格位置。

② 资金短缺的情况下，投资随时可以中断。

③ 当某产品研发投资完成后，领取该产品生产资格证。

④ 只有获得生产资格证后才能开工生产该产品。

⑤ 产品研发投资计入当年综合管理费用。

3. 生产运营

（1）产品成本构成

生产产品需要原材料和加工费，生产不同产品需要的原材料是不一样的，无论采用哪种生产线生产，所有产品的加工费都是 1M，产品成本构成如表 2-12 所示。

表 2-12 产品成本构成

产品	加工费	原材料			
		R1	R2	R3	R4
P1	1M	1			
P2		1	1		
P3			2	1	
P4			1	1	2

（2）原材料采购

原材料采购包括两个环节，即签订采购合同和按合同收货入库。采购原材料需经过下原料订单和采购入库两个步骤，这两个步骤之间的时间差称为订货周期。R1 和 R2 原材料订货周期为 1Q，R3 和 R4 原材料订货周期为 2Q。即订购 R1、R2 必需提前一个季度，订购 R3、R4 必须提前两个季度。比如，第一季度订了 2 个 R1，第二季度的时候支付 2M，可以获得 2 个 R1；第一季度订的 2 个 R3，需要到第三个季度才能支付 2M 获得 2 个 R3。

原材料采购订单必须填写采购订单登记表，然后由采购总监携带采购登记表到交易处登记，没有登记视为没有订购。所有下订单的原材料必须采购入库。原材料到货后必须根据采购订单如数接受相应原料入库，并按规定支付原料款，不得拖延。

生产急需原材料但没有提交预订的情况下，允许紧急采购，所有原材料紧急采购时，价格均为2M/个。

（3）综合费用

除购买厂房、设备外，行政管理、市场开拓、营销广告、生产线变更、设备维护、厂房租金、ISO认证、产品研发等产生的费用计入综合管理费。其中，行政管理费每季度末支付1M，其他费用于年底根据实际发生情况进行核算。

（4）税金规则

① 所得税计算。所得税税率为25%，税金向上取整计算，不足1以1取整。比如，当年税前利润为5M，乘25%后，为1.25M，向上取整后，当年交付税金为2M。

如果过去经营过程中，有亏损的，按照我国税法规定，税前利润可先弥补以前年度的亏损，如果补完后有结余的，结余部分按税率交税。

② 每年所得税计入应付税金，当时不需交纳，在下一年年初交纳。

第三节 沙盘模拟经营

一、年度模拟经营主要流程

1. 新年度规划会议

新的一年开始之际，企业管理团队要制定（调整）企业战略，做出经营规划、设备投资规划、营销策划方案等。具体来讲，需要进行销售预算（销售数量、销售单价和销售收入）和可承诺量（可接单量）的计算。

2. 参加订货会

销售总监参加每年一次的产品订货会，根据本公司的战略规划、年度计划、产品规划及年度生产能力、产品库存状况，决定本公司的营销策略、市场投资和开发的重点，有计划地进行市场开发和产品宣传，争取销售订单。

3. 制订新年度经营计划

在明确今年的销售任务后，需要以销售为龙头，结合企业对未来的预期，编制生产计划、采购计划、设备投资计划并进行相应的资金预算。将企业的供、产、销活动有机结合起来中，使企业各部门的工作形成一个有机的整体。

4. 短期贷款及还贷

根据企业年度资金预算，决定是否贷款及贷款额度，筹划短期贷款还款计划。

5. 原材料订购与入库

采购总监根据年度生产计划及生产能力制订采购计划，计算每期生产需要的原材料的数量及品种，决定每期原材料的订购量；控制每种原材料的订购量和库存量，确保不因原材料的积压而占用资金，并且不因原材料的不足而导致生产开工不足；

决定是否向其他企业购买或出售原材料及价格，并同其他企业谈判落实原材料购买或出售。

6. 投资生产线

生产总监根据销售总监提供的市场信息及公司的总体战略，确定企业未来的生产能力，决定扩大生产能力，选择投资何种生产线（共有四种生产线）；根据生产能力决定是否变卖生产线以及是否转产。

7. 产品生产

运营根据本年度销售任务及未来销售预测，决定生产线是否生产、生产何种产品。

8. 产品研发

运营营总监根据企业战略规划、年度计划以及销售总监提供的市场信息，决定是否进行新产品研发，研发产品类型，计划新产品生产安排，计算新产品研发成本、投资及收益。

9. 长期贷款及还贷

财务总监根据企业资金规划，决定是否进行长期贷款及贷款额度，支付长期贷款利息，筹划长期贷款还款计划并归还到期的长期贷款。

10. 年度财务结算

一期经营结束之后，学员自己动手填报财务报表，盘点经营业绩，进行财务分析，通过数字化管理，提高经营管理的科学性和准确性，理解经营结果和经营行为的逻辑关系。

11. 经营业绩汇报

各公司在盘点经营业绩之后，围绕经营结果召开期末总结会议，由总经理进行工作述职，认真反思本期各个经营环节的管理工作和策略安排，以及团队协作和计划执行的情况。总结经验、吸取教训、改进管理，提高学员对市场竞争的把握和对企业系统运营的认识。

12. 教师分析点评

根据各公司期末经营状况，教师对各公司经营中的成败因素剖析，提出指导性的改进意见，并针对本期存在的共性问题，进行案例分析与讲解。最后，讲师按照逐层递进的课程安排，引领学员进行重要知识内容的学习，使以往存在的管理误区得以暴露，管理理念得到梳理与更新，提高学员洞察市场、理性决策的能力。

二、起始年经营

企业选定新的管理团队之后，原有的管理层总要“扶上马，送一程”，交接工作且帮助新管理团队熟悉企业的工作流程。因此，在本课程中，设计了起始年。在此期间，新的管理团队受原有的管理层领导，企业的决策由原有管理层定夺，新的管理团队只能执行。通过起始年经营，来达到磨合新管理层，使他们进一步熟悉并掌握运营规则，明晰企业的运营流程的目的。由于起始年运营决策仍决定于原有管理层，因此，继续保守经营，具体说明如下：

① 不进行任何融资行为。

② 不购买新厂房。

③ 不购建新生产线。

④ 不投资新产品研发。

⑤ 不开拓新市场。

⑥ 不进行 ISO 认证。

⑦ 每季度订购一批 R1 原材料。

⑧ 每季度保持生产持续进行。

三、正常年份企业运营流程

现实生活中，企业的实际运行过程是相当复杂的，在本课程中，企业是按照任务清单的顺序开展工作的。任务清单代表了企业简化的工作业务流程，也是企业竞争模拟中各项工作需要严格遵守的工作顺序。分为年初工作、按季度执行的工作和年末工作等。在模拟运行过程中，由 CEO 主持，指挥团队各成员各司其职，团结一致，有条不紊地按照任务清单的流程执行任务，每执行完一项任务，各成员应在任务清单对应的方格内进行详细地记录。

1. 年初 4 项工作

（1）新年度规划会议

常言道："预则立，不预则废。"新的一年开始之际，CEO 应当召集各位业务主管召开新年度规划会议。根据各位主管掌握的信息和企业的实际情况，分析企业存在的问题，制订解决方案，初步形成企业在新一年的各项投资规划，包括资金筹集、投资固定资产、投资新产品研发、开发新市场、进行 ISO 认证等。同时，本年度销售目标的制定是关键也是起点。为了能准确地在一年一度的产品订货会上争取销售订单，应当根据企业现有产品库存量和生产能力，计算出企业在该年的产品完工数量，从而计算出企业可接订单数量。

（2）参加订货会议、支付广告费、登记销售订单

销售产品必须要有销售渠道。在本课程中，销售产品的唯一途径就是参加一年一度的订货会议，争取销售订单。参加产品订货会议需要在目标市场投放广告费，

只有投放了广告费，企业才有资格在该市场争取订单。

在参加订货会议之前，企业需要分析市场预测图，制定自己的竞单策略，然后在“竞单表”上按市场分产品登记投放的广告费金额。

各企业派营销总监参加订货会议，按照市场地位、广告投放、竞争态势、市场需求等条件分配客户订单。订货会议结束后，企业一次性支付广告费，由财务总监从现金库中取出“竞单表”中登记的广告费数额，放在综合费用的“广告费”中，并在任务清单对应的方格内记录支付的现金数（用“－”表示现金支出）。

为了科学制订本年度工作计划，企业应将取得的销售订单进行登记，由营销总监和财务总监记入“订单登记表”。初始登记时，只登记订单号、销售数量、账期；交货时登记销售、成本和毛利。一来可以区别已经销售的和尚未销售的订单；二来当企业由于产能计算失误，导致不能按时交货或者委外加工情况下，销售额、成本、毛利会有变动。

（3）制订新年度经营计划

在明确了当年的销售任务后，企业需要根据销售订单对前期制定的新年度规划进行调整，制订新年度工作计划。在本课程中，新年度计划一般包括资金筹集计划、生产计划、采购计划、市场开拓计划、认证计划、产品研发计划等。

为了使新年度计划更具针对性和科学性，计划一般是围绕预算来制定的。本课程中，要求企业编制现金预算，可以在企业经营之前预见经营过程中可能出现的现金短缺或盈余，便于企业安排资金的筹集和使用；同时，通过预算，可以及时对企业规划进行调整，防止出现由于资金断流而破产的情况。

现金预算，首先需要预计现金收入和现金支出。在本课程中，现金收入相对简单，主要是销售产品收到的现金，可以根据企业的销售订单和预计交货的时间准确地估算。现金支出主要包括投资支出、生产支出、采购支出、综合费用支出和日常管理费用支出等。在本课程中，由于工作流程简化，可以根据销售订单，先编制产品生产计划，再编制采购计划，从而估计生产支出和材料采购支出，最后比较准确地预计现金的短缺或盈余。如果现金短缺，就应当想办法筹集资金，若不能筹集资金，就必须调整生产计划或采购计划；如果现金盈余，可以调整计划，增加投资，从而提升企业竞争力。

（4）支付应付税

依法纳税是每个公民和企业应尽的义务。企业在年初应支付上年应交的税金。企业按照上年资产负债表中“应交税金”项目的期末数值交纳税金。交纳税金时，由财务总监从现金库中拿出相应现金放在沙盘“综合费用”的“税金”处，并在任务清单中对应的方格内记录支付的现金数。

2. 每季度 17 项工作

（1）季初盘点

为了保证账实相符，企业应定期对企业的资产进行盘点。在本课程中，企业的流动资产主要包括：现金、应收账款、原材料、在制品和产成品。企业的固定资产主要包括：在建工程、生产线和厂房。盘点方法主要采用实地盘点法，就是对沙盘盘面的资产进行逐一清点，确定出实有数，然后将任务清单的余额与实有数进行核对，最终确定余额。盘点时，先成立财产清查小组，由 CEO 担任组长，财务总监、采购总监、生产总监、营销总监为组员。如果盘点的余额与账面数一致，各成员就将结果准确无误地填写在任务清单的对应位置。

① 财务总监：根据上季度末的现金余额填写本季度初的现金余额。第一季度现金账面余额的计算公式：年初现金余额－上年末库存现金－支付的本年广告费－支付上年应交的税金＋其他收到的现金。

② 采购总监：根据上季度末库存原材料数填写本季度初库存原材料数量。

③ 生产总监：根据上季度末库存在制品数填写本季度初库存在制品数量。

④ 营销总监：根据上季度末库存产成品数填写本季度初库存产成品数量。

⑤ CEO：在监督各成员正确完成以上操作后，在任务清单对应的方格内打“√”。

（2）更新短期贷款/还本付息/申请短期贷款（高利贷）

① 更新短期贷款：如果企业有短期贷款，请财务总监将空桶（1 个空桶表示贷款额 20M），向现金库方向移一格。移至现金库时，表示短期贷款到期，则应该还本付息。

② 还本付息：财务总监从现金库中取利息放在沙盘的“利息”处；拿出相当于应归还借款本金的现金到交易处归还，同时在任务清单对应的方格内记入偿还的本金、支付利息的现金减少数。比如，归还了 20M 短期贷款，同时支付了 1M 利息，在任务清单记“－21”。

③ 申请短期贷款：短期贷款只有在这一时间点可以申请。如果企业需要借入短期贷款，则由财务总监填写“公司贷款申请表”到交易处借款。短期贷款借入后，财务总监放置空桶在沙盘“短期贷款四期”处，并将取得的现金放入现金库中。同时在任务清单对应的方格内记入短期贷款增加的现金数（增加的现金数用“＋”表示）。比如，本季度借入了 40M 短期贷款，取两个空桶放在“短期贷款四期”处，到交易台取回 40M 放在现金区，同时，在任务清单上记“+40”。

（3）更新应付款 / 归还应付款

在沙盘经营中，一般没有应付款，除非企业之间存在交易，并且出售方允许购买方赊欠的时候才会有应付款。

（4）原材料入库/更新原料订单

企业只有在前期订购了原材料，并在交易处登记了各种原材料采购订单数量，才能购买到原材料。每个季度，企业应将沙盘中“原材料订单”（用空桶表示），向原材料仓库推进一格，表示更新原材料订单。如果原材料订单本期已经被推到原材料库，表示供应商按采购订单数量发送的原材料已运抵企业，此时企业必须无条件接受原材料并支付材料款。采购总监持现金和“采购登记表”在交易处买回原材料后，放在沙盘对应的原材料库中，并在任务清单对应的方格内登记原材料入库的数量；同时财务总监在任务清单对应的方格内登记现金的减少数。如果企业订购的原材料尚未到货，则由采购总监在任务清单对应的方格内打“√”。

（5）下原料订单

采购总监根据年初制定的采购计划，决定需采购原材料的种类及数量，将相应数量的空桶放置于沙盘的“原材料订单”处，并在任务清单对应的方格内填写订购的原材料数量。

（6）更新生产/完工入库

生产总监将各生产线上的在制品向前推一格，则表示更新生产。如果已经推到生产线以外，表示产品完工下线，将该产品放在沙盘“产成品库”对应的位置；若完工入库，则由销售总监在任务清单对应的方格内记录完工产品的数量，否则由生产总监在任务清单对应的方格内打“√”。

（7）变卖生产线/生产线转产/投资新生产线

企业要提高产能，必须对生产线进行改造，包括变卖、新建和转产。只有当生产线上在制品完工后，才能变卖生产线。如果此时该生产线净值≤残值，将生产线净值直接转到现金库中；如果此时该生产线净值＞残值，从生产线净值中取出等同于残值的部分置于现金库，将差额部分置于综合费用的“其他”。财务总监负责在任务清单对应的方格内记录现金的增加数。

生产线转产是指某生产线转为生产其他产品。不同类型的生产线转产所需的调整时间及资金投入是不同的，详情请参阅生产线使用规则（见表 2-7）。如果需要转产且该生产线需要一定的转产周期及转产费用，请生产总监持原产品生产标志到交易处更换新的产品生产标志，并将新的产品生产标志反扣，向财务总监申请并支付转产费用，由财务总监在任务清单对应的方格内记录现金减少数。停工满足转产周期要求并支付全部的转产费用后，再将该产品生产标志正面放置。

投资新生产线则由生产总监到交易处领取新生产线标志，翻转放置在厂房空置的生产线位置，根据该生产线建设周期及投资金额，每季度向财务总监申请建设资金，放置在生产线标志上，并由财务总监在任务清单对应的方格内记录现金减少数。

（8）向其他企业购买原材料/出售

企业间有原材料交易时应如实填写，原材料交易应确保两家企业在同一季度内经营方可交易。

（9）开始下一批生产

当“更新生产/完工入库”后，某些生产线的在制品已经完工，企业也不打算变卖，则可以考虑开始生产新产品。由生产总监从采购总监处申请领取生产产品所需的原材料，并从财务总监处申请取得生产产品所需的加工费，放置在生产线的第一个生产周期中，表示开始投入生产。

① 财务总监：在任务清单对应的方格内记录现金减少数。

② 采购总监：在任务清单对应的方格内记录原材料减少数。

③ 生产总监：在任务清单对应的方格内记录在制品增加数。

（10）更新应收款 / 应收款收现

财务总监将应收账款向现金库方向推进一格，到达现金库时即成为现金，在任务清单对应的方格内记录现金的增加数。

（11）出售厂房

企业资金不足时可以出售厂房，厂房按原值出售，但得到的是四账期的应收账款。年末时，如果没有厂房，企业必须支付租金。

（12）向其他企业购买成品 / 出售成品

企业参加产品订货会取得的销售订单数量如果超过了企业最大的产能，当年不能按订单交货，则构成违约，按规则将受到惩罚。此时，企业可以从其他企业购买产品，从而保证按时交货。进行组间交易时，由双方营销总监进行交易价格的谈判，通常要求采取一手交钱一手交货的交易方式。

购买产品的企业，由营销总监从财务总监处申请取得购买产品所需的现金，购进的产品成本应当是购进时支付的价款，在计算产品销售成本时应按该成本计算，记录到“订单登记表”的“成本”栏中。

出售产品的企业，由营销总监从产品库取出产品，交给购买方并取得货款，将现金交给财务总监。并在“订单登记表”中增加一张销售订单，其中账期为 0，表示货款是现金，成本按生产成本确认。

（13）按订单交货

营销总监检查各成品库中的成品数量是否满足客户订单要求，若满足，则在“订单登记表”中登记销售订单的销售额，计算出销售成本和毛利后，将销售订单和相应数量的产品拿到交易处销售。销售后，将应收账款或现金交给财务总监，若取得的是现金货款，则由财务总监放置在现金库中，否则由财务总监放置在沙盘的应收账款对应的账期处。

（14）产品研发投资

生产总监根据年初制定的产品研发计划，向财务总监申请研发资金，放置在产品研发对应位置。如果产品研发投资完成，则从交易处领取相应产品的生产资格证放置在“生产资格”处。财务总监在任务清单对应的方格内填写现金的减少数。

（15）支付行政管理费

管理费用是企业为了维持运营产生的管理人员工资、办公费用、差旅费等。在本课程中，行政管理费在每季度末一次性支付1M，由财务总监在任务清单对应的方格内填写现金的减少数。

（16）其他现金收支情况登记

企业在经营过程中可能会发生除上述外的其他现金收入或支出进行记录。例如：应收账款贴现等。销售产品、原材料，出售生产线等的现金收支情况不登记在这个位置。

（17）期末盘点

每季度末，企业应对现金、原材料、在制品和产成品进行盘点，并将盘点的数额与账面结存数进行核对，如果账实相符，则将该数额填写在任务清单对应的方格内；如果账实不符，则找出原因后再按照实际数填写。

3. 年末6项工作

（1）支付利息/更新长期贷款/申请长期贷款

① 支付利息：长期贷款的还款规则是每年付息，到期还本。根据企业已经借入的长期借款计算本年应支付的利息，财务总监从现金库中取出长期贷款的利息置于沙盘上的“利息”处，并在任务清单对应的格子内填写现金的减少数。

② 更新长期贷款：将用作表示“长期贷款”的空桶往现金库推进一格，表示偿还期的缩短。如果空桶已经被推到现金库中，表示长期贷款到期，需要偿还，此时财务总监从现金库中取出应归还的本金，到交易处归还，并在任务清单对应的格子内填写现金的减少数。

③ 申请长期贷款：长期贷款额度是上年所有者权益的两倍，按20取整，如果大于目前已贷额度，则还可以再贷款。财务总监持上年资产负债表和“贷款登记表”到交易处，经审核后发放贷款。收到贷款，将现金放进现金库中；同时放空桶在长期贷款对应的账期处，并在任务清单对应的格子内填写现金的增加数。

（2）支付设备维护费

年末只要是生产线，无论是否生产，都需要支付维护费1M/条。尚未安装完毕的生产线以及当年才完工投入生产的生产线不需支付维护费。由财务总监从现金库中取出现金放在综合费用的“维护费”处，并在任务清单对应的格子内填写现金的减少数。

（3）支付租金/购买厂房

年末，如果企业使用的厂房未购买，则必须支付租金，由财务总监从现金库取出与租金相等的金额放在综合费用的“租金”处，并在任务清单对应的格子内填写现金的减少数。

（4）计提折旧

厂房不提折旧，设备按余额递减法计提折旧，按生产线净值的1/3向下取整计算。由财务总监计提折旧，根据计算的折旧额从生产线的“净值”处取出相应的金额放置在沙盘综合费用的“折旧”处。

若按平均折旧法计提折旧，相应折旧数参见表2-9。

（5）新市场开拓/ISO资格认证投资

① 新市场开拓：由营销总监根据年初制定的市场开拓计划，从财务总监处申请开拓市场所需的资金，并放置在沙盘所要开拓市场的对应位置处，并由财务总监在任务清单对应的格子内填写现金的减少数。当市场开拓完成，年末持开拓市场投资的费用到交易处领取“市场准入证”。

② ISO资格认证投资：由营销总监根据年初制定的ISO资格认证计划，从财务总监处申请开拓市场所需的资金，并放置在沙盘所要开拓市场的对应位置处，并由财务总监在任务清单对应的格子内填写现金的减少数。当市场开拓完成，年末持开拓市场投资的费用到交易处领取“市场准入证”。

（6）结账

一年经营结束，年终要进行报表编制，及时反映当年的财务状况和经营情况。在本课程中，主要编制产品核算统计表、综合费用计算表、利润表和资产负债表。

① 产品核算统计表：产品核算统计表是核算企业在经营期间销售各种产品情况的报表，它可以反映企业在某一经营期间产品销售数量、销售收入、产品销售成本和毛利情况，是编制利润表的依据之一。产品核算统计表是企业根据实际销售情况编制的，其数据来源于“订单登记表”，年末营销总监根据产品种类汇总各种产品的销售数量、销售额、销售成本和毛利。财务总监则根据“产品核算统计表”中汇总的数据，登记在利润表中的“销售收入”、“直接成本”、“毛利”栏。

② 综合费用计算表。综合费用计算表是综合反映企业在经营期间发生的各种除产品生产成本、财务费用外的其他费用。根据沙盘上的“综合费用”处的支出进行填写。

③ 利润表。利润表是反映企业一定期间经营状况的会计报表。利润表把一定期间内的营业收入与其同一期间相关的成本费用相配比，从而计算出企业一定时期的利润。通过编制利润表，可以反映企业生产经营的收益情况、成本耗费情况，表明企业生产经营成果；同时，通过利润表提供的不同时期的比较数字，可以分析企业利润的发展趋势和获利能力。

④ 资产负债表。资产负债表是反映企业某一特定日期财务状况的会计报表。它是根据“资产=负债＋所有者权益”的会计等式编制的。

第三章　沙盘模拟竞争策略分析

第一节　财务管理策略

企业经营中遇到的最多问题就是财务问题，企业经营会因种种财务问题而陷入经营的困境，如何从困境中走出来，无疑成了学员们必须考虑的问题。

一、权益问题

企业经营的目标是股东权益最大化，它标志着企业的实力或发展潜力，它也是判断沙盘经营胜负的最主要因素；同时，也是银行计算借款限额的依据。因此，在经营中要时刻以权益为中心去考虑问题。在模拟企业经营时，可从两个方面入手。

（1）加快权益值增加的速度

什么能使权益值增加？唯有净利润。怎样才能提高净利润？唯有多拿单、拿好单。怎样才能多拿单、拿好单？一要科学制定广告决策，投好广告费；二要有巨大的产能做后盾，两者都需要资金。因此，掌握好资金投入的比例是至关重要的。

（2）降低权益值减少的速度

企业初创前三年产品需求量小，企业产能和产品研发尚在起步阶段，卖得的利润无法抵补庞大的日常开支，亏损在所难免。但一定要注意控制权益值下降的速度，有时宁可减慢开发速度。

总结以上两点得出：应该开源节流。在节流方面，要研究减少权益值的因素。费用明细表里的所有项目和利润表中的减项如折旧、财务支出等，都会导致权益值的降低。在模拟经营过程中，要认真考虑，要将有限的资金充分加以利用，做到不浪费每一笔资金，从而减缓企业权益值的下降。导致权益值降低的主要因素，如下所述。

① 广告费。广告费数量一定要适当，超过自己实力而一味追求市场领导者，有时会大伤元气，造成不必要的资金浪费，营销总监对广告费的投入要审时度势，根据其他模拟企业的情况酌情投入资金。

② 维修费。通常情况下，维修费可供操作的空间不大，但生产线的不同投放方式会导致不同的维修费支出，并且这种影响会比较长远。如两台半自动和一台全自动生产线，价钱和产能是一样的，但后者维修费多，占用生产线空位多：甚至有时

会发生小厂房租金问题。

③ 市场开拓费、认证费和新产品研发费。三者最好不要全面投入和同时铺开，大投入不一定就会有大回报，循序渐进可能会比较合适。

④ 转产费。半自动和全自动生产线转产时都需要转产费，半自动生产线和柔性生产线虽然不需要转产费，但手工生产线生产效率低，柔性生产线价格高、折旧大。另外，生产线只能按残值出售。因此，在生产线投资过程中，要选择合适的生产线，匹配好生产线和产品之间的关系。

⑤ 折旧费。一条生产线投入使用后，折旧会持续四年时间，如果按加速余额折旧法进行折旧，前两年的折旧额非常大，如果没有相应的销售收入弥补，会使得所有者权益迅速下降，因此，要把握好生产线的投入节奏。

⑥ 财务支出（主要是利息和贴息）。借贷在所难免，但不要让借入资金闲置不用。应充分考虑各种融资方式的优缺点，采取适合的融资渠道。

二、资金问题

企业在运营中，资金是一个非常重要的因素。资金安排不当，轻则造成浪费，将赢利拱手让人，重则造成企业的破产，多年苦心经营毁于一旦。

如果一家企业的现金总是入不敷出，它最终将陷入困境，甚至倒闭。企业不一定因为亏损而倒闭，但有可能由于资金断流而死亡。要维持企业的长期生存，一个重要的因素是要看经营人员能否作出有效决策以得到足够的现金，创造利润固然有利于生成现金。但值得注意的是，只有那些能迅速变现的利润才是真正有意义的。因为不论偿还债务还是纳税，需要的都是现金，而不是利润。同时还要注意另一个极端，即资金过剩，闲置不用，同样会造成资源的浪费。既然现金如此重要，解决的办法是开源节流、精打细算。财务总监要严格地管理现金、控制风险。可在每年拿到销售订单之后做现金预算，以达到现金管理的目的。

现金管理包括三个目标：

① 必须持有足够的现金以便满足各种业务往来的需要。

② 将闲置现金减少到最低限度。

③ 在资金短缺时，用最小的代价筹集到所用资金。

要注意资金的时间价值，期初的 1M 相当于后期经营的 2～3M，因此对期初资金尤其要注意精打细算。

三、筹资方式选择问题

在沙盘经营中的筹资方式主要包括长期贷款和短期贷款，通过向银行贷款筹集的资金主要用于企业生产经营和设备投资；其他还有应收账款贴现、出售厂房等，该部分资金主要用于解决企业临时的资金短缺，如投放广告等。

1. 长期贷款

长期贷款是指企业向银行或其他非银行金融机构借入的使用期限超过 1 年的借款，主要用于购建固定资产和满足长期流动资金占用的需要。

在沙盘经营过程中，通常最初两年企业都会有所亏损，有时亏损额度还会比较大，因此，前两年所有者权益会逐年下降。由于长期贷款额度跟所有者权益相关，是所有者权益的两倍，随着所有者权益的下降，长期贷款的额度也会下降。也就是说，如果早期不能及时贷入资金，未来再贷款的可能性会下降，从这个角度上来看，早期应该加大贷款额度。另外，跟短期贷款相比，长期贷款的成本比较高，如果贷入过多的长期贷款，而没有得到有效利用，会使得所有者下降速度更快，迅速恶化企业财务状况。所以，长期贷款应该结合企业销售能力、发展速度等综合考虑。

2. 短期贷款

短期贷款是企业为了解决生产经营活动对短期资本的需要而向银行申请借入的需在 1 年内归还的款项。短期贷款的手续比较简单，筹资速度快，企业通过向银行借入短期贷款，可以及时地满足企业对流动资本的需求，短期贷款可以有效地降低企业的综合资本成本。在企业的各种筹资方式中，短期贷款的资本成本比较低，因此，适当地增加企业短期贷款可以降低综合资本成本。

在沙盘经营中，短期贷款的成本是每年所产生的利息费用。短期贷款规则是到期还本付息，这样的还款方式对企业贷款到期时造成的还款压力也比较大。因为企业扩大生产规模也需要资金，而短贷的偿还是在生产线投放之前，所以很容易造成企业因为归还贷款而没钱上生产线，因此，建议每年每季短期贷款不宜借得过多，而且要循序渐进地进行短期贷款，合理安排短期贷款，以免造成企业的还款压力。

需要注意的是，在最初两年经营过程中，由于所有者权益的下降，跟长期贷款一样，短期贷款的额度也会迅速下降。并且，短期贷款要求下一年必须偿还，而下一年的贷款额度低于本年，可能会出现还了短期贷款后不能再贷的现象。所以，最初两年过多的短期贷款，会给下一年的财务带来非常大的压力。很多时候，短期贷款的还款直接导致贴现费用的增加。

3. 贴现

在沙盘模拟经营中，贴现是将未到期的应收账款按一定比例贴付利息费用后兑现成现金的融资方式。贴现并不是只在企业的现金流出现问题时运用，作为一个出色的 CFO，应当预见企业在何时会出现现金困难，缺口是多少，再通过仔细分析应收账款的账期、金额找出最优的贴现方案，即解决现金不足的问题，使企业应收账款达到合理组合，并努力使贴现费用最小化。在对抗经营中，各小组都会尽量少贴现，因为贴现会使企业将来的现金减少，并且贴息费用直接扣减权益。但在沙盘经营中，几乎没有小组可以完全避免贴现的发生，因此如何用好沙盘中的贴现对企业的现金状况乃至企业的权益都有重要且深远的影响。

4. 高利贷

高利贷是一种特殊的短期贷款方式，特殊就特殊在其利息率特别高，是短期贷款的三倍。沙盘经营到第三年后，资金压力会变得非常大，正常的长期贷款和短期贷款已经不能满足企业的发展需要了，此时，企业需要在高利贷和贴现之间进行抉择。

高利贷利率比较高，并且每贷一次都会扣减一定的分数，许多人闻之色变，情愿贴现也不会选择高利贷。但与贴现相比，高利贷最大的优势就是对当年的所有者权益不会带来影响，而贴现费用直接计入当年的财务支出，扣减所有者权益，所有者权益下降会带来长、短期贷款额度的下降。另一个问题就是，依靠贴现维持运转，极可能会进入一个恶性循环，许多应收账款在变成现金之前都贴现了，导致财务状况迟迟不能改善。因此，应根据当时情景做出适当决策。

5. 厂房出售或贴现

许多激进的沙盘经营者希望能够迅速提高产品规模和生产能力，正常贷款已经不能满足企业扩张的需要，此时，他们希望通过出售厂房获得大量的资金，甚至，直接将变卖厂房的应收款进行贴现。这种行为优点就是获得企业迅速发展所需的资金，如果销售得当的话，可能会在市场上占据主动地位；但一个危险的问题就是，厂房出售和贴现，直接导致企业当年权益迅速下降，很快恶化企业的融资能力。如果第二年就出售大厂房，经营六年结束后，企业需为此支付 25M 租金，如果再加上贴现费用，代价是非常大的。

第二节　市场竞争策略

一、市场竞争策略

1. 市场定位策略

市场定位是指企业根据竞争者现有产品在市场上所处的位置，针对顾客对该类产品某些特征或属性的重视程度，为本企业产品塑造与众不同、给人印象鲜明的形象，并将这种形象生动地传递给顾客，从而为该产品在市场上确定适当的位置。市场定位的实质是使本企业与其他企业严格区分开来，使顾客明显感觉和认识到这种差别，从而在顾客心目中占有特殊的位置。

在沙盘模拟经营中，市场定位包括产品定位和企业定位。

（1）产品定位策略

沙盘模拟经营一共有四种产品，分别是 P1、P2、P3 和 P4，不同产品生产成本、价格不一样，并且每种产品在不同市场、不同年度价格都会有变化，四种产品情况分析见表 3-1，研发哪些产品，生产哪些产品，是模拟经营者需要考虑的问题。

表 3-1　四种产品情况分析表

产品	直接成本（M/个）	平均价格（M/个）	平均毛利（M/个）
P1	2	4～6	2～4
P2	3	6～8	3～5
P3	4	8～10	4～6
P4	5	9～12	4～7

根据表 3-1 分析，平均毛利率是 P1＞P2＞P3＞P4，平均毛利是 P4＞P3＞P2＞P1，从现金的占用、研发的时间和研发费用上看，都是 P4＞P3＞P2＞P1。如果现金流允许，各企业都会选择高利润率的产品，但是沙盘模拟经营中现金流并不宽松，因此，企业一般只能选择同时生产其中的两三种产品，而同时生产 4 种产品的可能性非常小，资金太紧张。生产哪种或者哪几种产品，就是企业首先要解决的产品定位问题。

另外，企业还需要考虑各种产品的研发顺序。如果决定只生产 P1、P2 和 P3 三种产品，那么什么时候开始研发 P2，什么时候开始研发 P3，这个要结合企业资金状况、生产线投资和产品销售决策来综合考虑。

生产产品种类少的优势就是所有者权益下降的速度会较慢，有利于集中精力于其中的 1～2 种产品的生产，如果产品的利润率较高，能带来企业的迅速发展，但缺点就是由于产品单一，可能导致后期销售压力的增大，不利于争夺“市场领导者”地位。生产产品种类多则与此相反。

低端产品（如 P1、P2）研发成本低，运营成本小，财务压力不大，前期利润丰厚，但竞争压力较大，后期竞争压力小，但利润微薄；高端产品（如 P3、P4）研发成本高，运营成本大，对资金要求比较高，竞争通常不会太激烈，前期利润率太低，并且高成本可能会限制企业的扩张速度，后期是拉大企业间差距的动力源。

（2）企业定位策略

企业是选择稳健发展的小型企业，即初期以少量的自动线配合手工及半自动线，以销带产、视发展定规模，还是选择激进型的大型企业，即摒弃手工线和半自动线，初期就以大量的自动线或柔性线，加大广告投放力度，以产滞销、迅速发展，这在制定企业战略时就得确定，即企业定位。

例如，A 企业在经过充分的市场调查和竞争对手分析后，决定采取激进型扩张策略，在前两年就研发 P2 和 P3 产品，并且迅速建设 5 条全自动线，利用强大的生产能力结合高广告策略，抢占“市场领导者”地位，实现生产和销售的迅速扩张，这样的企业定位就是激进型。

如果企业采取稳健发展，未来面临的财务压力、销售压力都会比较小，但企业扩张速度可能会过于缓慢，如果竞争对手成功地采取了相反的策略，取胜概率较低。如果企业选择了激进型的策略，有利于企业的生产能力和销售的迅速扩张，通过合适的销售策略，有利于获得较好的市场地位，但企业将面临较大的财务压力，如果产品组合不当或销售欠佳，可能会导致库存积压严重。

2. 市场开发策略

开发几个市场合适？是全面铺开还是集中开发？面对这样的问题，很难有一个标准答案。市场开发越多，意味着产品的销路越广，可以将竞争压力分散到各个市场中，对单个市场广告投放的要求也会降低，但市场开发的费用相应也会较高。相反，如果集中开发其中的两个市场，市场开发费用比较低，但对广告要求比较高。

市场开发没有一定之规，企业应该结合各个市场对不同产品的价格和容量，以及自己产品结构和发展规模来决定。由于市场开发需要持续较长时间，因此，在第一年的时候，就要有一个统一的部署。

二、广告投放策略

广告投放是沙盘经营中的一个重要环节，会影响到企业当前经营和未来发展。一个好的战略，如果没有相应的营销策略和广告策略相配合，也会失败。在进行广告投放之前，首先需要明确企业可销售产品的数量和种类，对于自己企业的生产线，每年能产多少数量的产品，固定品种的产品产能是多少，浮动（可变品种）产量的上限和下限是多少，营销总监与生产总监需要沟通好。其次，需要做好资金计划。每年年初需要支付利息，加上每年需要支付的管理费、维护费等，在现金上对广告不会留出太多的预算。另外，当出现应收账款周转不及时、刚开始铺设生产线、有产品库存等情况时，年初的时候资金压力还是比较大的，因此，要提前做好筹划，通常在上一年第四季度的时候就要开始考虑下一年的广告投放情况。最后，还要分析对手的风险偏好。在一场对手风险偏好比较强，扩张比较激烈的竞争中，可能整体的广告水平都会有所提升，要想全面开花，不太现实，宁可集中资源专注于某一产品或某一市场可能会取得比较好的效果。这只是个建议。

广告投放没有确定的规则，既没有绝对好的广告策略，也没有绝对坏的广告策略，重要的是要结合自己的生产能力、产品结构、资金状况、竞争态势做出合理的决策。通常比较常见的有以下几种广告策略。

① 咄咄逼人策略。利用高额广告迅速占领市场、销售产品，抢夺市场老大，通

常在沙盘经营前两年比较容易出现这种策略。由于所有市场中，本地市场容量比较大，这种广告策略在第一年最为常见。如果能够抢占“市场领导者”地位，对于未来产品销售和企业扩张占据先机，许多激进型的经营者会采取这种策略。

② 防守反击策略。沙盘经营最初几年通常广告竞争会比较激烈，兵法云：一鼓作气，再而衰，三而竭。在竞争比较激烈时，避开直接竞争，保存实力，投资生产线和产品，积蓄力量。在对手“三而竭”时，一鼓作气，击败对手。这个时候，也许只需要一个较小的代价就能取得较好的效果。

③ 不战而屈人之兵。市场竞争你来我往，城头变换大王旗，在竞争中，能始终保持“市场领导者”地位的企业不太多，原因有很多种，最主要的原因就是生产能力和产品结构。由于“市场老大”是根据单个市场所有产品的总销售额计算的，如果产品结构比较单一，或者生产能力较低，守住“市场老大”地位是比较难的，许多企业利用自己的对手的这种弱点，以极小的代价轻易获得“市场领导者”地位。

④ 缓慢渗透策略。市场竞争虽然激烈，但不可能所有市场、所有产品竞争都激烈，广告投入过多直接带来经营成本的上升。可以采用“敌弃我取”的广告策略，取得良好的市场销售收入。

⑤ 集中优势策略。产品线越宽，广告费用投入就会越大，如果一家公司有三种产品、三个市场，它不可能在所有市场、所有产品上都跟对手进行竞争，通常的做法是，保持一定的广告投入分布，以利于三个产品的销售，最后的结果是三个产品在所有市场上的广告额都不会太高。可以利用对手的这种弱点，主打某一个产品，在所有市场上用一个相对较高的广告额，扩大自己的销售额。这一策略的前提条件是，单个产品的毛利较高，有提高广告额的空间。

广告投入是沙盘经营中的精彩部分，它考验着经营者的能力和智慧，历年的全国赛和省赛，不乏优势的销售总监涌出，要销售好自己的产品一定要清楚地分析市场，了解自己的竞争对手。

第三节　生 产 策 略

一、原料采购策略

采购通常是指一个组织从外部资源市场获得所需的全部商品和服务的过程。在沙盘模拟经营中，采购主要是模拟企业从外部资源市场上获得生产所需原材料的过程。在沙盘模拟经营中，正常的采购流程包括：制定采购计划、发出采购订单、运输进货、原材料入库及支付货款。在制定原材料采购计划之后，采购总监填写原材料采购订单，在下一个或两个季度更新原材料时支付货款，并将原材料入库。

原材料采购计划制定主要解决三个问题：采购什么、采购多少、何时采购。

① 采购什么。采购计划中需要采购的物料主要由企业生产的产品种类决定。根据P系列产品的组成，我们采购原料共有4种：R1、R2、R3、R4。

② 采购多少。明确了采购什么，还要计算采购量。这与物料的库存和采购批量有直接关系。

③ 何时采购。模拟企业在运营中，对原料的控制要尽量实现零库存，在原材料采购时要充分考虑到采购提前期和采购政策的变化。

在实际的运营中可能会出现生产线转产的问题，因此，采购总监需要根据策略制定适应新形势的采购计划，保证生产线顺利转产。明确了采购计划的目标，采购总监开始制定采购计划，计算每期的采购品种和数量。注意：一定要有采购提前预订的思维观念。

二、生产线投资策略

相对于实际企业的生产管理过程而言，沙盘模拟经营比较简单，没有复杂的工序流程，主要考虑生产线投资决策问题，即各种生产线的选择问题。

不同类型生产线的主要区别在于生产效率、制造费用、成本和灵活性。生产效率是指单位时间内生产产品的数量，用产能表示；灵活性是指转生产新产品时设备调整的难易性，主要看转产费用的高低和转产周期的长短；制造费用是指分摊到每个产品上的除了直接成本外的其他费用，主要指维修费和折旧。可以根据表3-2对各种生产线进行比较分析。

表3-2 生产线对比表

生产线	价格	生产周期	转产周期	转产费用	维修费	产能	制造费用
手工	5M	3Q	无	无	1M/年	1.3个/年	2M/个
半自动	8M	2Q	1Q	1M	1M年	2个/年	1.5M/个
全自动	16M	1Q	2Q	4M	1M/年	4个/年	1M/个
柔性	24M	1Q	无	无	1M/年	4个/年	1.25M/个

从表3-2中可以分析如下：

① 产能较高的是全自动生产线和柔性线，4个/年（产能＝4个/生产周期，如全自动生产线产能＝4/1＝4个）；制造费用全自动线比柔性线低；全自动生产线转产时的灵活性没有柔性生产线好，但柔性生产线的购买价格较高。

② 半自动生产线的优点是价格低，产能不如全自动生产线，灵活性不如全手工生产线和柔性生产线，制造费用比不上全自动和柔性线节省。在实战中也有公司通

过投资半自动生产线而取得好成绩的战例。

③ 手工生产线效率最低（产能 1.3 个/年），制造费用也是最高的，但灵活性比较好，并且不需要建设周期。

④ 要考虑机位问题。如两台半自动生产线从价格和产能上看与一台全自动生产线等价，且有安装周期短和可分两次投资的特点，但前者要多占一个机位。

第四章 经典战例

从 2005 年开始，用友公司每年都会举行一次全国性的大学生沙盘模拟企业经营对抗赛，截至 2012 年年底，已经举办了 8 届。该项赛事包括市赛、省赛和全国赛三个阶段，只有通过层层筛选的优胜队伍，才有机会参与全国赛。在这 8 年时间里，笔者有幸参加了其中的 6 次比赛，5 次在省赛中获胜，参加全国赛，在 5 次全国赛中，两次获全国赛冠军。

在本章中，将以 2008 年全国赛为例，详细阐述该次比赛的战略和具体战术。在该次比赛中，本书编写团队指导的队伍获得冠军。2008 年全国赛比赛规则及市场预测可上网查阅相关资料。

第一节 市场分析

海尔集团总裁张瑞敏曾经说过，对于企业来说，要有三只眼睛，一只眼睛盯住政府，一只眼睛盯住市场，一只眼睛盯住企业。对于企业来说，市场是其生存之本，企业应随时关注市场中竞争对手的变化，方能立于不败之地。企业在成立之初应对市场进行分析，基于深入的市场分析做出的决策才有可能是有效的。

一、市场机会

由于本地、区域、国内、亚洲、国际市场开发时间分别为 1 年、1 年、2 年、3 年、4 年，因此，在第二年本地和区域市场的需求是企业的有效需求，第三年本地、区域和国内市场的需求是有效需求，第四年再加上亚洲，第五、第六年再加上国际，将每年市场的有效需求进行汇总，得出市场需求量图，如图 4-1 所示。从图 4-1 可以看出，从第二年开始，市场需求量扩张较快。

考虑到一共有 22 家企业参与市场竞争，将所有市场需求除以 22，得到每个企业的平均市场机会，如图 4-2 所示。

从图 4-1 和图 4-2 中可以看出，市场的总体需求量在逐年不断地增加，企业的平均市场机会也随之不断增加。但根据比较第二、第三、第四年上升的幅度比较大，第五、第六年略有上升但幅度较小，所以市场总体发展趋势从不断上升趋向平稳。到第六年，每个企业平均可以销售 35 个产品，如果全部用全自动或柔性线生产，所

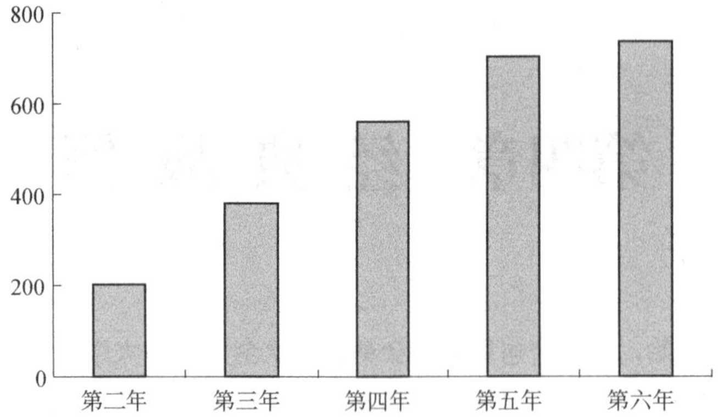

图 4-1　市场有效需求量

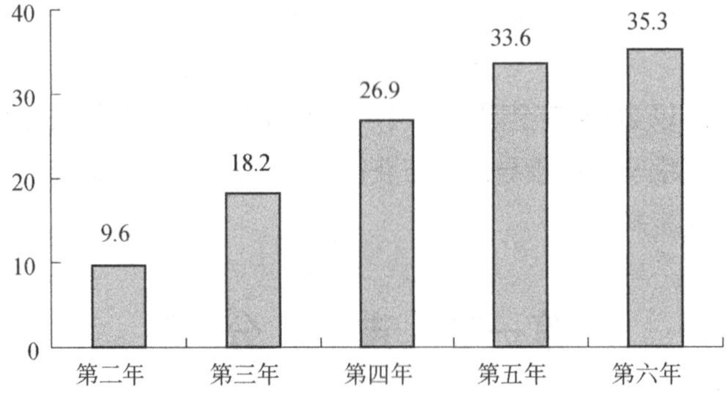

图 4-2　企业平均市场机会

有企业平均拥有 9 条生产线，考虑到企业发展快慢不同，经营较佳的企业，到第六年时，应该拥有 10 条全自动生产线。企业必须抓住经营的第二、第三、第四年，运用正确的生产经营策略使企业得到稳步的发展，第五、第六年由于市场需求量趋向平稳，企业更多的是巩固市场地位，用最小的费用获得最大的利益回报，促使企业得到更好发展。

市场机会逐渐上升，重要的是如何把握这些机会使企业得到更好的发展。而把握机会的关键就在于市场开拓、产品开发、生产线投放及营销策略情况，只有掌握好这两方面再加上正确的操作，企业才能取得优秀的业绩。

二、不同市场分析

由于市场开发周期不同，不同市场的有效需求量也有差异，如图 4-3 所示。

如图 4-3 所示，随着时间的推移，各个市场的需求量也在发生重要的变化，本地市场的需求量在第二、第三、第四年之间有了两个大的跳跃之后呈稳步缓慢的发展趋势；区域市场在第二、第三年之间有一个大的跳跃之后呈缓慢发展趋势；国内市场的需求量在 140～150 之间浮动，发展趋势幅度不是很大；亚洲市场在第四年需求量达到最高点，之后呈稳步下降的趋势；国际市场的需求量在两年之间有明显的跳跃。

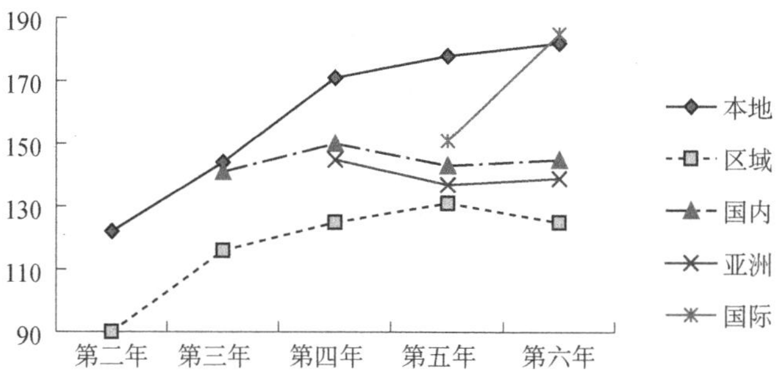

图 4-3　不同市场的有效需求量

总的来说，本地市场需求量最大，国内市场需求量第二，亚洲市场需求量第三，区域市场需求量最小。国际市场在最后两年跳跃明显，到第六年的时候，需求量超过了本地市场。

由于每家企业对市场理解不一样、对竞争对手了解不一样，很难对每个市场竞争激烈程度做出准确评估，但作为一家有准备的企业还是有必要对市场做出一个预估。

本地市场需求量较大，并且是第一选单市场，因此，预计大多数公司都会考虑在本地市场销售产品，鉴于其较大的需求量和订单量，在这一市场的竞争压力可能不会太大，第二年是产品销售的第一年，可能很多企业会投较多的产能，可能竞争会非常激烈，从第三年开始，估计竞争压力会逐渐减小；区域市场总体需求量非常小，在所有市场里需求量最小，由于第二年和第三年，所有企业销售压力比较大，估计这两年竞争压力会特别大，特别是在第三年，估计竞争压力比本地市场还大；国内市场第三年才可以销售，通常情况下，从第三年开始，所有企业基本可以销售完产品，但在第二年结束的时候，大多数企业会有库存，都需要在第三年销售完成，因此，在第三年的时候，国内市场竞争会比较激烈，后几年应该竞争压力不会太大；亚洲市场第四年才可以销售产品，由于产能扩张的原因，很多企业在第三年年末的时候，应该不能大量投放生产线，制约了供给量，因此第四年是一个转折的市场，从前几年的供过于求的市场转入了供小于求的市场，轮到亚洲市场其竞争情况已经大大缓解；考虑到国际市场开发周期长，并且只销售两年，预计可能会有一些企业会放弃国际市场，在选单的时候，国际市场最后选单，可能会有企业在之前的四个市场已经把所有产品销售完了，因此，预计国际市场竞争可能会最弱。

由于本次比赛取消了市场领先者（市场老大）竞单规则，因此预计每年的市场竞争都会比较激烈，这会增加企业资源的耗费。

市场是不断变化的，在实际竞争中，可能跟最初的预估发生很大的变化，因此，在前几年的竞争中，要密切关注竞争对手的竞争策略，以便及时做出策略的调整。

第二节 产 品 分 析

利润是企业生存和发展的基础，利润来源于我们提供的产品和服务是否能够满足市场的需要，每个产品都有其生命周期，包括投入期、成长期、成熟期和衰退期，不同时期产品的价格和需求是不一样的，同样，对于不同消费市场来说，对产品的需求也会不一样。对产品进行深入分析和比较，有助于做出合理的决策。按照前述有效需求的计算方法，将 P1、P2、P3、P4 每年的有效需求计算出来，作出产品总需求量图如图 4-4 所示。

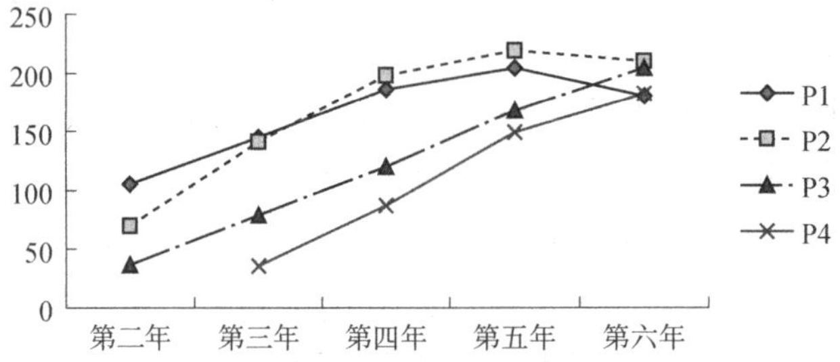

图 4-4 产品总需求量

从图 4-4 中可以看出，随着时间的推移，各个产品的需求也在发生变化，P1 产品的需求在前两年有大跳跃，第五年达到了最高点之后呈稳步下降的趋势；P2 产品的需求量在第二、第三、第四年之间有很大的跳跃，在第五年达到顶点之后呈下降趋势，从第四年开始，需求量超过 P1；P3 产品的需求呈现稳步发展的趋势，到第六年的时候，需求量超过 P1，与 P2 基本持平；P4 产品在第三年才产生需求，需求量在第四、第五年之间有大跳跃，发展趋势稳定，到第六年的时候，与 P1 的需求量持平。

除了销售量外，产品价格是影响企业利润的另一个重要因素，相对价格而言，产品毛利对企业利润更直接、更具有决定性作用。另外，对于不同产品来说，其生产成本是不一样的，生产成本的高低，决定了企业运营资本，所有的资本都是要花成本的，在经营过程中，大部分来源于长、短期贷款，支付的利息是这种成本的反映，在理想的情况下，产品的生产成本越低，而产品的价格越高越好。因此，产品的销售价格、毛利、毛利率是影响公司产品结构和产品策略的重要因素。

不同市场产品价格不一样，对任何一个市场的价格进行比较得出的结论都会显得比较片面，为了便于比较不同产品价格和毛利，对所有市场的产品价格进行综合，并且将需求量作为权重因素，得出产品加权价格，将每个产品每年的产品加权价格列示出来，如图 4-5 所示。

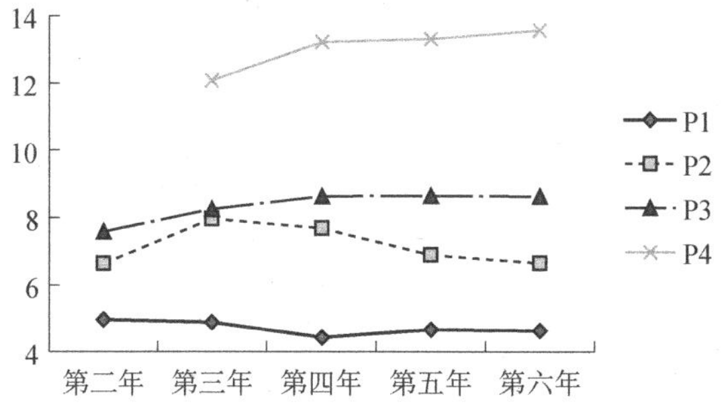

图 4-5 产品加权价格变动趋势

从图 4-5 中可以看出，随着时间的推移，各个产品的价格也在不停地变化，P1 产品的价格在第二到第四年逐步下降，第四年达到了最低点，第五、第六年价格开始上升，主要是由于第五年开始，可以在国际市场销售产品，而国际市场对 P1 的需求量比较大，并且价格也很高，因此呈现一个开口向上的抛物线形状；P2 产品的价格在第三年达到了价格最高点，随后逐步下降；P3 的价格呈稳步上升的发展趋势；P4 的价格在第三、第四年之间有大的跳跃呈稳步上升的发展趋势。

不同产品的生产成本是不一样的，P1、P2、P3、P4 生产成本分别是 2M、3M、4M 和 7M，价格扣除成本后，就是每个产品的销售毛利，如图 4-6 所示。

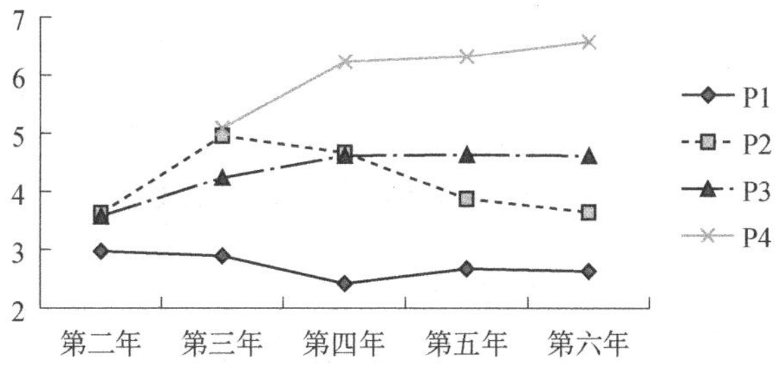

图 4-6 单个产品毛利变动趋势

由于单个产品的毛利是产品价格减去产品成本，因此从图 4-6 中可以看出，产品毛利的变动趋势与图 4-5 的产品价格的变动趋势相同。

如果用全自动线生产，P1、P2 和 P3 的生产周期都是一个季度，而 P4 的生产需要 P2 作为原材料，先要将 P2 生产出来，再生产 P4，因此实际上 P4 的生产需要两个季度，不考虑生产周期对毛利进行比较，得出的结论有失偏颇。因此，需要对 P4 的毛利进行调整，调整方法就是除以 2，即如果生产 P4，要比较每个季度的毛利，采取此方法便于跟其他产品的毛利进行比较，如图 4-7 所示。

从图 4-7 中可以看出，随着时间的推移，各个产品的毛利都有所变动。P1 产品在前两年的利润还可观，到了第四年就下降到最低点，而第五、第六年有所回转。P2 的毛利在第三年达到最高峰，但毛利即使是最低点也还是超过 P1，在第二、第三、

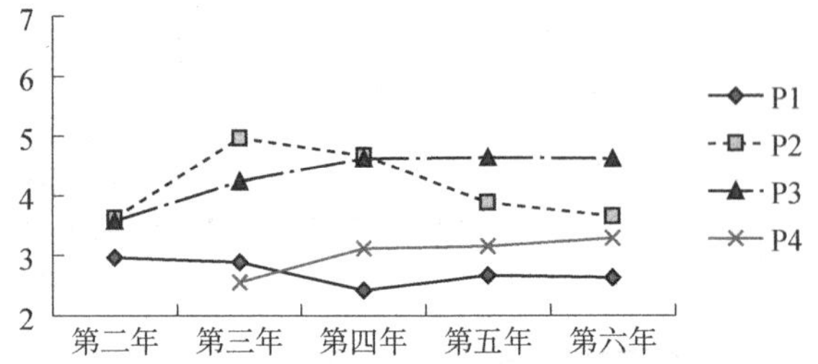

图 4-7　调整 P4 后毛利变动趋势

第四年毛利比 P3 还高。P3 的毛利逐年上升，第四年后超过 P2 的毛利。虽然单个 P4 的毛利最高，调整后，毛利远低于同期的 P3，前四年也远低于 P2，只是在后两年才有所接近。

毛利是影响企业利润的一个重要因素，但正如前所述，产品的生产是需要资金成本的，销售毛利率是对产品评估的一个重要因素，将产品毛利除以销售价格，计算出产品销售毛利率，如图 4-8 所示。

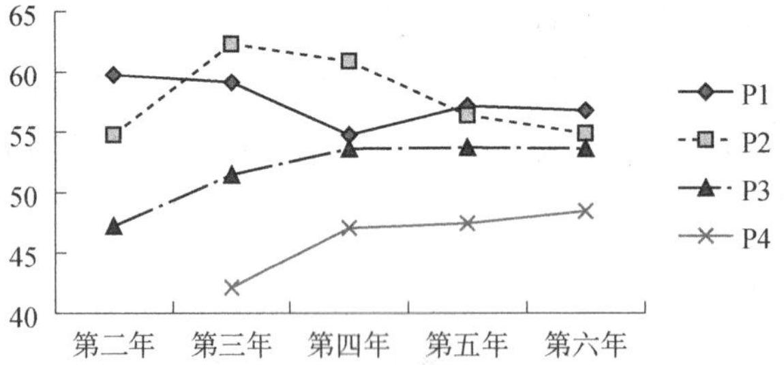

图 4-8　产品销售毛利率（%）变动趋势

从图 4-8 中可以看出，第二年 P1 产品销售毛利率最高，P2 第二，P3 最低；到第三年时，P2 产品销售毛利率最高，P1 第二，P3 第三，P4 最低；第四年与第三年一样，只是 P1 毛利率虽然还是高于 P3，但跟第三年相比，下降幅度较大，P2 也有所下降，但幅度较小，P3 缓慢上升，P4 虽然上升幅度较大，但毛利率依然是最低的；第五年和第六年的毛利率排名情况跟第一年一样，但 P1、P2、P3 的毛利率已经比较靠近。

以上是对四种产品的总体分析，对于具体企业来说，如果决定生产哪种产品，就需要对各个产品进行具体分析，包括分析不同市场的需求量和价格，为未来的产品开发策略和销售策略奠定基础。

第三节　竞争者分析

对于竞争者的分析应该基于市场和产品分析，因为在不同的市场情况下，企业经营者会做出不同的反应，另外，行业和产品不一样，企业的具体策略也会有差别。

一、竞争者经营风格分析

总体来说，我们面对的市场是一个需求量不断扩大的市场，从第二年的均需求量9.6到第六年的均需求量35.5，对于一家优秀的企业来说，到第五年年末应该拥有10条全自动生产线，因此，整个经营过程也是一个扩张的过程。但对于企业来说，资源是有限的，会受到各种条件的制约，资金是所有这些制约的集中体现。初始资金60M，再加上权益三倍的长短贷，看起来是一笔较大数目的资产，但支出也很庞大，厂房、生产线、产品研发、市场开拓、ISO认证、利息支出、广告费用，再加上每年固定的4M行政管理费用，都限制了企业的过度扩张。过度扩张可能会导致现金断流或权益为负，但如果不扩张，又会导致企业产能受限，发展缓慢，生存和发展既相互促进，又相互制约，如何在两者之间进行平衡是所有企业面临的共同问题。

对于不同的经营者来说，其风险偏好是不一样的，对于激进型经营者来说，可能会乐于冒险，他们尝试迅速拓宽产品线，快速地提高生产能力；对于稳健型经营者来说，他们可能宁愿选择一步一个脚印的经营方式，通过增加企业盈利的方式来逐步提高企业生产能力；对于中庸型经营者，他们试图在这二者之间进行平衡，不断地衡量风险水平和自身的承受能力，随时准备做出变化，试图通过策略来战胜竞争者。

对于激进型经营者来说，其经营方式所冒的风险是巨大的，当然收益也可能会比较大，但各种细小的失误和偏差也可能会导致他们灭亡，由于承受的风险实在过大，再加上我国传统教育及社会环境等因素的影响，过于激进的方式应该很少被人所采用。历来中国人给人的印象都是谨小慎微的，这种现象在以前比较常见，但随着经济和社会的发展，中国人的风险承受能力逐渐增强，因此，稳健型经营者也不大见，但在实际经营过程中肯定会出现，再加上历次比赛中，没有激进型经营者获胜，无疑鼓励所有经营者应该稳健。在所有经营者中，中庸型经营者应该最为普遍，但由于各个经营者对市场和产品做出的反应不同，必然会导致经营方式多样化。

二、竞争者产品策略分析

由于成本、价格、毛利、毛利率等因素的影响，使得经营不同的产品获利情况不一样，再加上不同市场、不同时间产品的价格不一样，对于经营者的产品策略会非常复杂。

总体来说，不同产品具有不一样的特点，P1成本最低、毛利低，前两年毛利率高；P2产品成本较低、毛利高、毛利率高，特别是在第三年和第四年；P3产品成本高、毛利高，但前两年毛利低于P2，后三年毛利率较高；P4单个产品成本高、毛利高，但如果调整后，成本次于P3，毛利较低，毛利率较低。

对于大多数经营者来说，生产P2和P3也许是不错的选择，因为产品毛利高，毛利率也不低。特别是P2产品，其开发周期不长，开发费用不高，因此预计P2产品竞争将会非常激烈，特别是第二年。以后随着P3和P4产品的开发，以及新市场的开拓，竞争压力会逐渐缓解。P3产品由于开发周期长，开发费用高，大多数企业在第二年可能不会销售P3，而倾向于第三年及以后销售，由于第三年后，市场的需求量扩大，产品多样化，使得竞争压力会稍有下降，但企业经营扩张的速度可能也不慢，特别是在后几年，再加上很多企业将销售重点转向P3，将会使得后几年P3的销售压力增加。一直以来，P1产品为大家所忽视，因为其价格逐年下降，并且毛利低于其他产品，但由于开发费用低，开发周期短，因此大多数经营者会将其看做一个过渡性产品，不会特别为其投放专门的生产线生产，这个产品除了第二年会略有竞争压力外，其他各年应该竞争压力不大。P4产品开发周期长，开发费用高，生产周期长，单个产品毛利高，但调整后，毛利及毛利率都没有优势，因此可能会被大多数经营者所抛弃，但不排除个别经营者单纯看中单个产品的毛利而专门生产P4，另外，可能也会有少数经营者为避开P2和P3的激烈竞争而生产该种产品。

通过以上分析，可以看出，对于不同年度来说，每种产品的竞争压力是不一样的，第二年，P2的竞争压力会非常大，P1会略有竞争，P3销售压力很小；第三年P2竞争压力较大，P1和P3销售压力较小；第四年以后P2竞争压力逐渐下降，P3竞争压力会略有上升，P1和P4应该压力较小。

三、竞争者销售策略分析

在以往竞争中，每年会评出市场领先者（市场老大），市场老大有优先选单权，由于这个原因，当年的新市场竞争比较激烈，一旦选出市场老大后，竞争会相对缓和。本次大赛无市场老大，市场竞争可能会比较均衡，激烈程度可能会较高，大多数公司出于自身生存和发展的需要，可能会增加广告的投入，并且这种投入持续的时间可能会比较长，预计第二年和第三年竞争会比较激烈。

对于不同的市场来说，由于不同市场需求量不一样，单纯看需求量，可能区域市场竞争压力会比较大，但由于需求量小会使得部分经营者望而却步，而转入获胜概率较大的市场比如本地市场，而导致本地市场竞争激烈，而区域市场宽松。另外还有一种情况，很多竞争者出于各种原因看好国内市场，导致国内市场竞争激烈，相对来说，亚洲市场和国际市场竞争压力应该不会太大。

四、竞争者财务策略分析

经营者财务策略跟其经营风格有关，激进型经营者会采取激进型的财务策略，会大量使用长期贷款、租用厂房、大量贴现，使得其财务费用增加，综合管理费用增加。另外，由于产能的扩张，也会增加其广告费用、维修费用和折旧。稳健型经营者可能会较少使用长期贷款，基本靠短期贷款维持，极端情况下会控制短期贷款的使用，尽量避免贴现，产能扩张较慢。中庸型经营者采取的财务策略会介于两者之间。

第四节　经营目标分析

1. 经营目标

通过开发市场、品种多样化策略提高市场占有率，力争通过 6 年经营，权益达到 120M，挫败竞争对手，进入市场前三。

2. 产品策略

以 P1 为基础，先后开发 P2、P3，实现通过投资生产线，达到生产的高效、低成本，保证企业的可持续发展。

3. 营销策略

市场销售空间的最大化，营销重点放在其中的两个市场，确保一个争取两个市场的领先者地位，提高广告效益。

4. 采购策略

降低采购资金占用量，实现采购的准确、及时、高效，提高存货周转率。

5. 财务目标

控制现金流，减少财务费用，尽量避免贴现。

第五节　经 营 计 划

一、企业经营阶段划分

企业在经营过程中，会面临各种各样的困难和问题。对于一个新创立的企业来说，不同时期具有不同的特点，根据市场现状和经营特点，将企业经营分成三个阶段：创业期、生存期和发展期，三个时期的划分以两年为限，即前两年为创业期，第三和第四年为生存期，第五和第六年为发展期。

1. 创业期

在创业期，企业除了资金外，一片空白，没有厂房，没有生产线，没有可以生产的产品，但资金比较宽裕，除了 60M 的股东投资外，可以通过银行争取到三倍于权益的长短贷。通常情况下，创业期不会出现权益为负和资金断流的情况。但创业期的经营情况会影响到生存期和发展期，对于创业期的企业来说，重要的问题就是研发什么产品、使用哪个厂房、厂房是租还是买、采用什么类型的生产线、投入多少条、开发哪些市场等。创业期的经营决策效果一般不会显现，但会在未来的生存期和发展期表现出来，这一时期很容易出现过于激进的投资决策，导致公司经营面临极大的不确定性和风险；另一方面，也很容易出现过于保守的决策，导致公司扩张缓慢。

2. 生存期

在生存期，企业面临的压力比较大，资金压力比较突出，无力进行产能扩张，更面临产品销售压力、财务压力等。生存期经营不善，很容易导致企业倒闭，比如，产品销售不出去导致巨额亏损，过度的生产扩张导致现金断流。此外，极度艰难的经营形势对经营者的心理压力也非常大。

3. 发展期

跟创业期和生存期相比，发展期面临的压力相对较小，由于企业盈利的增加，使得所有者权益不断上升，贷款额度不断增加，产品和市场开发得也差不多了，经营者信心得到一定程度的恢复。对于大多数企业来说，由于前期不断进行的产能扩张，使得这一时期的营运资金需求量非常大，但控制得当，基本没有太大问题。如果在第一年过度的长期贷款可能会使企业在第六年面临巨大的还贷压力。

二、不同时期企业经营策略

根据总目标，结合企业各时期的特点，在企业发展的不同时期应采用不同的竞争策略，在前期对市场、产品和竞争对手进行分析的基础上，我们计划采用以下策略进行经营。

1. 创业期

创业期是打基础的时期，后面各阶段的风险大多来源于创业期的决策。正如前述，激进型的经营风格会带来高风险，而过于稳健型风格可能会使得公司发展缓慢，我们拟采用一种介于两者之间的经营风格，在前期深入分析的基础上，实际经营过程中，根据竞争对手的情况适时进行调整。

① 厂房。厂房可以租，也可以买，如果租的话，则每年需要支付3～5M租金，如果买的话，需要 30～40M，由于厂房可以随时贴现，如果第一年买，第二年卖，两者费用差不多，初步核算，第一年面临的资金压力不会太大。因此，厂房可以买下来，一旦资金不足时，再考虑贴现，这样可以保持适度的灵活性。

② 生产线。由于到第六年的时候，理想状况是有 10 条全自动/柔性生产线。因此，在生产线的选择上，不考虑手工和半自动生产线，估计到未来生产需要，可能会同时生产多种产品，因此，可能需要 1～2 条柔性生产线。对于企业来说，生产线的投入速度会影响到未来的销售收入及产能扩张的速度，过快则带来高风险，过慢则可能在竞争中落败，因此在创业期保持适当的生产线投资比较重要，预计在创业

期共需投放生产线 3～5 条，其中需要考虑的因素就是第二年的销售收入，以及应收款变现情况。

③ 产品。在生产线投资固定的情况下，产品种类越多，销售压力越小，但资源相对也越分散（要为多个产品打广告），如果有柔性线保持灵活性的话，那么在生产线适度投资的情况下，销售应该问题不大。但产品种类越多，研发费用就越高，公司亏损越厉害，权益越低，下一年的贷款额度也会越低。考虑到产品生产周期、销售毛利率和资金等多方面因素，在创业期只开发 P1 和 P2 两种产品，这样可以将资源集中在这两种产品开发和生产上，并且可以在产品研发和生产线投放上保持均衡，预计到 P2 的销售压力可能会比较大，而 P1 后几年毛利太低，因此，用柔性线先生产 P1、后生产 P2 非常有必要。

④ 市场开发和 ISO 认证。为了减少未来销售的压力，市场应该最大化，即开发所有市场、进行体系的认证。

⑤ 销售。创业期只有第二年可以销售产品，由于只开发了 P1 和 P2，因此也只销售这两种产品。通常 P1 会为大多数经营者所忽视，预计销售压力会比较小，做到 P1 产品无库存，P2 产品竞争压力相对较大，根据第一年结束后各公司产品研发和生产线投资情况，进行广告投放，力争 P2 亦无库存。

2. 生存期

生存期风险较多，面临的问题也会比较多，经营压力大，对竞争对手的深入了解和现状分析显得非常重要，并且需要有全局观念和随机应变的能力。

① 厂房。生存期面临的一个很重要的问题就是资金压力，导致资金压力的原因很多，比如销售不理想、生产线投资过快等，作为一个中庸型经营者来说，对待厂房要保持适度的灵活性，在销售理想的情况下，不主张出售厂房，但在企业面临生存和发展巨大压力的情况下，应该有勇于将厂房贴现的勇气。

② 生产线。对于整个经营过程来说，生产线投资是企业进行持续扩张必须考虑的因素，但在生产线投资过程中，要避免盲目性，必须进行周密计划，需要计划当年和下一年的现金流量及权益变化，保持适度的灵活性。到第四年年末，企业应该扩大到 6～8 条生产线。

③ 产品，随着生产线的扩大，以及 P1 产品毛利率的下降，开发新产品，增加新的利润来源成为必然。正如前述，P3 的产品毛利率高于 P4 产品毛利率，并且 P4 产品研发费用远高于 P3 产品，P3 产品的竞争压力可能会高于 P4 产品，但考虑到竞争对手的情况，仍然认为我们还是有能力将 P3 产品销售出去，因此公司会在生存期开发 P3 产品。

④ 销售。对于大多数公司来说，第三年的销售非常关键，P1 产品在第三年基本没有销售压力，但毛利太低，而 P2 产品毛利则高得多，因此应尽可能多地销售 P2。

跟第二年相比，第三年多了一个国内市场，并且各公司在创业期投资的生产线不一样，导致产能参差不齐，因此，虽然第三年面临较大的销售压力，适当增加销售费用后，仍然有机会将产品全部销售出去，在销售过程中，应注意发挥柔性线的灵活性。大多数公司在第三年年末的时候基本没有库存，因此，第四年销售压力相对较小，但如果产能扩张较快的话，销售仍然面临较大的困难。

⑤ 财务控制。对于整个经营过程来说，财务控制都是必要的，但在生存期，财务控制显得尤其重要，每年每季度经营前都要进行现金预算。另外，就是贴现问题，由于生存期资金压力比较大，企业应收款相对较多，贴现可能不可避免，但过度贴现会形成恶性循环，使得大多数应收款在到期前都被贴现了，并且贴现直接增加财务费用，利润减少，所有者权益减少，后一年贷款额度受影响，因此要对贴现进行严格控制。

3. 发展期

经历过创业期和生存期后，企业未来发展方向基本定型，能够做出的变化相对较小，只是在量的方面会有区别。

① 厂房。经过前四年的经营，大多数公司权益会上升，贷款额度增加，如果销售情况较好，生产线投资完成，可以考虑将厂房购买下来，一方面减少租金支出，另一方面，在未来估值的时候，会增加公司的分数。

② 生产线。在第五年的时候，在不影响公司生存和进一步发展的前提下，公司应尽可能地投资生产线，理想情况下，到第五年年末，10 条生产线全部投资完毕。如果未能在第五年年末投资完成 10 条生产线，在第六年的时候，可以在厂房的空闲位置投资手工生产线，增加第六年的产量。

③ 产品。在发展期再进行新产品的研发，可能会偏晚，一般情况下，这一阶段不再进行新产品的投资。

④ 销售。一般情况下，后两年的销售压力不会太大，但如果可能产能达到理想的状况，在销售上还是很容易出现一些问题，比如广告投入过少，导致订单较小，产品销售不出去，因此，在销售上适当增加广告费，并且采取保护性措施。

⑤ 采购。由于使用了柔性生产线，在企业经营的所有时期都要注重采购的灵活性，但在第五年的时候，要考虑到第六年使用手工线的情况，并且 R3 和 R4 原材料需要提前两个季度订购，因此需要在第五年的时候就做好准备。

第六节　营 销 计 划

产品能否销售出去，直接决定了公司能否将产能转化为利润，跟所有职能相比，营销职能在企业中具有突出的地位，营销计划是在对市场、产品以及竞争者的心理和行为分析基础上做出的。

一、产品定价策略

通过产品分析，可以看到四种产品销售毛利率介于40%～70%之间，并且不同市场、不同时间销售毛利率各不相同，对于企业来说，不同时期销售的压力和紧迫性也不一样，因此产品定价应保持适度的灵活性。产品定价过高，将降低公司产品的竞争力，而产品定价过低，则使得公司的利润受损。公司采用成本加成定价法，在成本基础上，再加上30%～100%的毛利，在销售压力大的情况下，采用薄利多销的策略，在销售压力较小的情况下，采用利润最大化的策略，尽可能提高存货周转率。

二、广告投放策略

通过对市场需求、价格和竞争者的能力分析，公司对广告的投放将会逐年增加。每年的广告预测如下：第二年将是每个公司能否逐渐成为优胜者的起步，所以对广告的需求也是较多的一年，公司的广告投放将位于中上游之间；第三年是公司能否成为优胜者的重要一年，所以公司的广告预计将是比较多的一年，使公司能更好地生存下去；第四年是决定优胜的一年，所以公司的广告预计是所有年份中最高的一年，这样能更好地发展自己、制约对手；第五年、第六年，公司将会随着产品价格的走势做出相应的广告投放，使之能成为最后的赢家。

三、市场销售预测

通过对市场、竞争者的分析，第二年的销售压力可能比较大，特别是P2产品，P1产品销售压力则会比较小，为了避开竞争压力，可发挥柔性线的作用，尽量多地销售P1，所以第二年的销售额估计在60M左右；在第三年虽然销售压力有所减少，但是每个产品的数量并没有增加太多，依然是压力很大，尤其是P2产品，所以本公司应尽可能多地销售P2，但是P1还是会比P2多，所以销售额估计将在100M左右；在第四年虽然每个产品的数量都有大量的增加，但是对于P2的销售压力却是最大的，本公司的广告投放量在这一年是最多的，所以销售额的估计将在160M左右；在第五年随着市场的全开拓，销售压力将有很大的改善，但是广告的投放量却没多大的变化，估计这年的销售额将在230M左右；在第六年因为各个产品的数量达到了最高，所以销售压力将会减少，但是随着P3产品的价格的上升竞争压力却会变大，广告的投放将会有可能上升，估计这年的销售额将在280M左右。

四、市场控制方式

经过对市场的分析，通过柔性线的变通性，在第二年以P1为主P2为辅来进行产品的销售；在第三年以尽可能销售 P2 为市场的主导来增加市场的占有率；在第四年通过柔性线的转换以 P2 为主打产品 P1 为辅来进行广告投放与产品销售；在第五年同样也是通过柔性线的转换以 P3 为主，P2、P1 为辅来进行广告投放与产品销售；在第六年通过柔性线转换以 P3、P2 为主，P1 为辅来进行销售。通过这样的方式可以使公司在市场上进行良性发展，从而使公司在将来更好地立足于市场的领先地位。

第七节　经营风险及控制

一、创业期经营风险及控制

创业期是为以后发展打基础的阶段，其决策和经营效果会对生存期和发展期产生重大影响。创业期面临的最大风险就是不确定性，不知道竞争对手将研发哪些产品、开发哪些市场、生产能力如何。创业期是进行产品研发、市场开发和固定资产投资的一个重要时期，这些支出对企业未来的发展方向产生重大影响。如果投资过快，可能导致竞争异常激烈、销售压力大、权益下降过快等，而如果投资过慢则可能失去发展的先机。

为了有效控制风险，而又不过于保守，在发展上采取一快一慢及一灵活策略，快主要体现在生产线投资速度稍快，慢是产品研发速度稍慢，灵活就是采用柔性生产线在两种产品间进行转换。在销售上，避开激烈竞争的品种，但保持对高额利润的适当追求。

二、生存期经营风险及控制

生存期是企业发展过程中一个极为关键的时期，企业面临极大的压力，集中体现为生存和发展既相互促进又相互制约，如果投资速度较快，则产能较多、销售额高，可能利润也会高，但投资过高，又会带来广告支出、财务费用、维修费用以及折旧等的增加，可能会带来企业经营极度困难。企业在两者之间进行艰难的抉择。生存期主要面临以下三种风险。

1. 资金不足

过度投入、计划不周密以及广告费增加等都会使资金超出计划。而可能因市场激烈出现的权益下降会使贷款额度降低，多方面的因素共同作用，从而引发资金不足，严重的情况下甚至面临资金断流的危险。在生存期应小心谨慎地做好预算、严格计算、控制好资金流、合理投资。发现资金面临风险时，适当放慢扩张速度，控制生产线的投放，精确计算利润水平，控制好所有者权益，有时出于保护所有者权益的需要，可考虑停止产品研发。在紧急情况下，考虑将厂房进行贴现。

2. 竞争过于激烈

由于创业期的投入，导致生存期企业的产能扩张，如果扩张速度过快，或者扩张的企业过多，或者由于产品结构的原因，导致所有公司集中在一两个产品上进行竞争，都会导致竞争激烈。对于这种激烈程度的估计，很难作出判断，如果忽视这种激烈程度，则可能会使企业面临过度扩张的风险，如果过于夸大这种激烈程度，则可能会使企业的发展畏手畏脚。因此在方案的预定上，我们进行中等程度的预估，但在实际经营中，可能会与当初预估产生偏差，经营者应保持高度敏感，可以通过柔性线迅速转移生产，适当增加广告投入，放慢发展速度等措施。

3. 产品同质化

对于企业来说，应尽量避免跟别的公司发生直接的短兵相接式的竞争。古人云，杀敌三千，自损八百。这种竞争就算是胜出，也会导致自身资源的过度消耗，在生存期非常担心所有企业都将主要精力放在生产和销售同一种产品上，经营者应时刻关注竞争者的变化，搜集竞争者的信息，随时准备做出应变，在灵活应用柔性生产线的同时，可考虑提前进行新产品的研发。

三、发展期经营风险及控制

这时企业进入高速发展，广告增加，资金流动大，运营成本高，并且由于市场的扩张与销售规模的扩大，企业可能不切实际地盲目投资生产线、研发产品，致使企业分散资源、成本升高，极易引至资金不足，以致无法偿还债务。另外，权益的过低也会致使无法偿还债务。在这一时期，应该继续保持理性，不过快扩张，并及早准备第六年到期的长期贷款。

第八节 财务计划

一、盈亏平衡分析与计算

盈亏平衡需要考虑每年生产能力、销售价格、各项成本费用支出等因素，并且随着竞争激烈程度不一样，各项支出也会发生变化。现将经营过程中各项基本数据假设如表 4-1 所示，并据此进行盈亏平衡点的计算。

表 4-1 盈亏平衡计算表

年度	第一年	第二年	第三年	第四年	第五年	第六年
生产能力		12	16	22	30	38
主要产品		P1	P2	P2	P3	P3
主要产品价格		4.97	7.96	7.67	8.64	8.62

（续表）

年度		第一年	第二年	第三年	第四年	第五年	第六年
综合费用	管理费	4	4	4	4	4	4
	广告费		12	16	33	30	38
	维修费		8	8	12	16	18
	租金				3	3	
	市场准入开拓	4	3	2	1		
	ISO 资格认证	1	3	2			
	产品研发	6		2			
	合计	15	30	34	57	53	60
财务费用	长期贷款		50	50	60	100	150
	短期贷款	80	80	80	80	80	80
	贷款利息		4	9	9	10	14
	贴现		0	3	8	12	9
	合计		4	10	17	22	23
折旧				14	14	20	26
税金						6	10
支出合计		15	34	60	88	101	119
盈亏平衡点销售量			12	12	19	22	26
盈亏平衡点销售额			60	96	146	190	224

二、损益预估

在计算盈亏平衡点的时候，各种支出已经扣除，因此多销售一个产品的毛利将全部转化为利润，公司生产能力扣除掉盈亏平衡点销售量就是公司安全边际量，公司安全边际量销售后的毛利收入即为公司的安全边际收益。由于公司不仅仅销售一种产品，在计算利润的时候，必须考虑到产品的多元化，因此，对安全边际收益进行调整非常必要，经过调整后，0.5 和 0.6 的调整系数基本能够反映公司实际利润水平，将历年的利润计算后得出表 4-2。

表 4-2　损益预估表

	第二年	第三年	第四年	第五年	第六年
主要产品	P1	P2	P2	P3	P3
主要产品价格	4.97	7.96	7.67	8.64	8.62
毛利	2.97	4.96	4.67	4.64	4.62

（续表）

	第二年	第三年	第四年	第五年	第六年
生产能力	12	16	22	30	38
盈亏平衡点销售量	12	12	19	22	26
安全边际量	0	4	3	8	12
安全边际收益	0	19	14	37	55
调整系数	0.5	0.5	0.5	0.6	0.6
利润	0	9	7	22	33

三、现金预测

影响现金的因素非常多，甚至一张订单应收款是二期还是三期都会影响到现金流，因此，之前对现金的预测难度非常大，准确性也不高，结合销售预测和损益预测，对公司现金情况预测如表 4-3 所示。

表 4-3 现金预测表

年度	一	二	三	四	五	六
年初现金	60	14	23	27	1	21
广告费		−12	−16	−33	−30	−38
长期贷款		50	−5	＋10−5	＋40−6	＋50−10
短期贷款	80	−4	−4	−4	−4	−4
租/购/售厂房	−40			−3	−3	−30
原材料采购		−15	−25	−36	−70	−88
人工工资		−12	−16	−22	−30	−38
生产线投资	−70		−30	−30	−30	
应收款/贴现		20	118	118	173	262
产品研发投资	−6		−2	−4		
支付行政管理费	−4	−4	−4	−4	−4	−4
支付设备维护费		−8	−8	−12	−16	−18
新市场开拓	−5	−3	−2	−1		
ISO 资格认证投资	−1	−3	−2			
现金余额	14	23	27	1	21	103

四、资产负债预估

在对产品研发、生产线投资、销售预测、利润规划、现金预测基础上，很容易得出资产负债预估表，如表 4-4 所示。

表 4-4　资产负债预估表

年份	一	二	三	四	五	六
现金	14	23	27	1	21	103
应收款		32	29	50	68	95
在制品		9	11	17	27	
产成品						
原料						
流动资产合计	14	64	67	68	116	198
厂房	40	40	40	40	40	70
机器设备		70	56	72	82	86
在建工程	70		30	30	30	
固定资产合计	110	110	126	142	152	156
资产总计	124	174	193	210	268	354
长期负债		50	50	70	100	150
短期负债	80	80	80	80	80	80
所得税					7	10
负债合计	80	130	140	150	187	240
股东资本	60	60	60	60	60	60
利润留存		−16	−16	−7	0	21
年度净利	−16	0	9	7	21	33
所有者权益合计	44	44	53	60	81	114
负债和所有者权益总计	124	174	193	210	268	354

五、所有者权益预测

在正常情况下，如果不出现较大的偏差，公司所有者权益将以 120M 为中轴，上下波动，波动幅度应不超过 20M。

附录 A　企业经营过程记录表

起　始　年

任务清单 请按顺序执行下列各项操作	每执行完一项操作，CEO 请在相应的方格内打钩，财务总监（助理）在方格中填写现金收支情况。			
新年度规划会议				
参加订货会/登记销售订单				
制订新年度计划				
支付应付税				
季初现金盘点（请填余额）				
更新短期贷款/还本付息/申请短期贷款（高利贷）				
更新应付款/归还应付款				
原材料入库/更新原料订单				
下原料订单				
更新生产/完工入库				
投资新生产线/变卖生产线/生产线转产				
向其他企业购买原材料/出售原材料				
开始下一批生产				
更新应收款/应收款收现				
出售厂房				
向其他企业购买成品/出售成品				
按订单交货				
产品研发投资				
支付行政管理费				
其他现金收支情况登记				
支付利息/更新长期贷款/申请长期贷款				
支付设备维护费				
支付租金/购买厂房				
计提折旧				
新市场开拓/ISO 资格认证投资				
结账				
现金收入合计				
现金支出合计				
期末现金对账（请填余额）				

订单登记表

订单号										合计
市场										
产品										
数量										
账期										
销售额										
成本										
毛利										
未售										

产品核算统计表

	P1	P2	P3	P4	合计
数量					
销售额					
成本					
毛利					

综合管理费用明细表

项　目	金　额	备　注
管理费		
广告费		
维修费		
租金		
转产费		
市场准入开拓		□区域　□国内　□亚洲　□国际
ISO 资格认证		□ISO 9000　□ISO 14000
产品研发		P2（　）P3（　）P4（　）
其他		
合计		

利润表

项目	上年数	本年数
销售收入	35	
直接成本	12	
毛利	23	
综合费用	11	
折旧前利润	12	
折旧	4	
支付利息前利润	8	
财务收入/支出	4	
其他收入/支出		
税前利润	4	
所得税	1	
净利润	3	

资产负债表

资产	期初数	期末数	负债和所有者权益	期初数	期末数
流动资产：			负债：		
现金	20		长期负债	40	
应收款	15		短期负债		
在制品	8		应付账款		
成品	6		应交税金	1	
原料	3		负债合计	41	
流动资产合计	52				
固定资产：			所有者权益：		
土地和建筑	40		股东资本	50	
机器与设备	13		利润留存	11	
在建工程			年度净利	3	
固定资产合计	53		所有者权益合计	64	
资产总计	105		负债和所有者权益总计	105	

第一年

任务清单 请按顺序执行下列各项操作	每执行完一项操作，CEO 请在相应的方格内打钩，财务总监（助理）在方格中填写现金收支情况。			
新年度规划会议				
参加订货会/登记销售订单				
制订新年度计划				
支付应付税				
季初现金盘点（请填余额）				
更新短期贷款/还本付息/申请短期贷款（高利贷）				
更新应付款/归还应付款				
原材料入库/更新原料订单				
下原料订单				
更新生产/完工入库				
投资新生产线/变卖生产线/生产线转产				
向其他企业购买原材料/出售原材料				
开始下一批生产				
更新应收款/应收款收现				
出售厂房				
向其他企业购买成品/出售成品				
按订单交货				
产品研发投资				
支付行政管理费				
其他现金收支情况登记				
支付利息/更新长期贷款/申请长期贷款				
支付设备维护费				
支付租金/购买厂房				
计提折旧				
新市场开拓/ISO 资格认证投资				
结账				
现金收入合计				
现金支出合计				
期末现金对账（请填余额）				

现金预算表

	1	2	3	4
期初库存现金				
支付上年应交税				
市场广告投入				
贴现费用				
利息（短期贷款）				
支付到期短期贷款				
原料采购支付现金				
转产费用				
生产线投资				
工人工资				
产品研发投资				
收到现金前的所有支出				
应收款到期				
支付管理费用				
利息（长期贷款）				
支付到期长期贷款				
设备维护费用				
租金				
购买新建筑				
市场开拓投资				
ISO 认证投资				
其他				
库存现金金额				

要点记录

第一季度：____

第二季度：____

第三季度：____

第四季度：____

年底小结：____

订单登记表

订单号										合计
市场										
产品										
数量										
账期										
销售额										
成本										
毛利										
未售										

产品核算统计表

	P1	P2	P3	P4	合计
数量					
销售额					
成本					
毛利					

综合管理费用明细表

项　目	金　额	备　注
管理费		
广告费		
维修费		
租金		
转产费		
市场准入开拓		□区域　□国内　□亚洲　□国际
ISO 资格认证		□ISO 9000　□ISO 14000
产品研发		P2（　）P3（　）P4（　）
其他		
合计		

利润表

项目	上年数	本年数
销售收入		
直接成本		
毛利		
综合费用		
折旧前利润		
折旧		
支付利息前利润		
财务收入/支出		
其他收入/支出		
税前利润		
所得税		
净利润		

资产负债表

资产	期初数	期末数	负债和所有者权益	期初数	期末数
流动资产：			负债：		
现金			长期负债		
应收款			短期负债		
在制品			应付账款		
成品			应交税金		
原料			负债合计		
流动资产合计					
固定资产：			所有者权益：		
土地和建筑			股东资本		
机器与设备			利润留存		
在建工程			年度净利		
固定资产合计			所有者权益合计		
资产总计			负债和所有者权益总计		

第二年

任务清单 请按顺序执行下列各项操作	每执行完一项操作，CEO 请在相应的方格内打钩，财务总监（助理）在方格中填写现金收支情况。			
新年度规划会议				
参加订货会/登记销售订单				
制订新年度计划				
支付应付税				
季初现金盘点（请填余额）				
更新短期贷款/还本付息/申请短期贷款（高利贷）				
更新应付款/归还应付款				
原材料入库/更新原料订单				
下原料订单				
更新生产/完工入库				
投资新生产线/变卖生产线/生产线转产				
向其他企业购买原材料/出售原材料				
开始下一批生产				
更新应收款/应收款收现				
出售厂房				
向其他企业购买成品/出售成品				
按订单交货				
产品研发投资				
支付行政管理费				
其他现金收支情况登记				
支付利息/更新长期贷款/申请长期贷款				
支付设备维护费				
支付租金/购买厂房				
计提折旧				
新市场开拓/ISO 资格认证投资				
结账				
现金收入合计				
现金支出合计				
期末现金对账（请填余额）				

现金预算表

	1	2	3	4
期初库存现金				
支付上年应交税				
市场广告投入				
贴现费用				
利息（短期贷款）				
支付到期短期贷款				
原料采购支付现金				
转产费用				
生产线投资				
工人工资				
产品研发投资				
收到现金前的所有支出				
应收款到期				
支付管理费用				
利息（长期贷款）				
支付到期长期贷款				
设备维护费用				
租金				
购买新建筑				
市场开拓投资				
ISO 认证投资				
其他				
库存现金金额				

要点记录

第一季度：________________

第二季度：________________

第三季度：________________

第四季度：________________

年底小结：________________

____

订单登记表

订单号										合计
市场										
产品										
数量										
账期										
销售额										
成本										
毛利										
未售										

产品核算统计表

	P1	P2	P3	P4	合计
数量					
销售额					
成本					
毛利					

综合管理费用明细表

项　　目	金　　额	备　　注
管理费		
广告费		
维修费		
租金		
转产费		
市场准入开拓		□区域　□国内　□亚洲　□国际
ISO 资格认证		□ISO 9000　□ISO 14000
产品研发		P2（　）　P3（　）　P4（　）
其他		
合计		

利润表

项目	上年数	本年数
销售收入		
直接成本		
毛利		
综合费用		
折旧前利润		
折旧		
支付利息前利润		
财务收入/支出		
其他收入/支出		
税前利润		
所得税		
净利润		

资产负债表

资产	期初数	期末数	负债和所有者权益	期初数	期末数
流动资产：			负债：		
现金			长期负债		
应收款			短期负债		
在制品			应付账款		
成品			应交税金		
原料			负债合计		
流动资产合计					
固定资产：			所有者权益：		
土地和建筑			股东资本		
机器与设备			利润留存		
在建工程			年度净利		
固定资产合计			所有者权益合计		
资产总计			负债和所有者权益总计		

第三年

任务清单 请按顺序执行下列各项操作	每执行完一项操作，CEO 请在相应的方格内打钩，财务总监（助理）在方格中填写现金收支情况。			
新年度规划会议				
参加订货会/登记销售订单				
制订新年度计划				
支付应付税				
季初现金盘点（请填余额）				
更新短期贷款/还本付息/申请短期贷款（高利贷）				
更新应付款/归还应付款				
原材料入库/更新原料订单				
下原料订单				
更新生产/完工入库				
投资新生产线/变卖生产线/生产线转产				
向其他企业购买原材料/出售原材料				
开始下一批生产				
更新应收款/应收款收现				
出售厂房				
向其他企业购买成品/出售成品				
按订单交货				
产品研发投资				
支付行政管理费				
其他现金收支情况登记				
支付利息/更新长期贷款/申请长期贷款				
支付设备维护费				
支付租金/购买厂房				
计提折旧				
新市场开拓/ISO 资格认证投资				
结账				
现金收入合计				
现金支出合计				
期末现金对账（请填余额）				

现金预算表

	1	2	3	4
期初库存现金				
支付上年应交税				
市场广告投入				
贴现费用				
利息（短期贷款）				
支付到期短期贷款				
原料采购支付现金				
转产费用				
生产线投资				
工人工资				
产品研发投资				
收到现金前的所有支出				
应收款到期				
支付管理费用				
利息（长期贷款）				
支付到期长期贷款				
设备维护费用				
租金				
购买新建筑				
市场开拓投资				
ISO 认证投资				
其他				
库存现金金额				

要点记录

第一季度：________________________________

第二季度：________________________________

第三季度：________________________________

第四季度：________________________________

年底小结：________________________________

____

订单登记表

订单号										合计
市场										
产品										
数量										
账期										
销售额										
成本										
毛利										
未售										

产品核算统计表

	P1	P2	P3	P4	合计
数量					
销售额					
成本					
毛利					

综合管理费用明细表

项　　目	金　　额	备　　注
管理费		
广告费		
维修费		
租金		
转产费		
市场准入开拓		□区域　□国内　□亚洲　□国际
ISO 资格认证		□ISO 9000　□ISO 14000
产品研发		P2（　　）　P3（　　）　P4（　　）
其他		
合计		

利润表

项目	上年数	本年数
销售收入		
直接成本		
毛利		
综合费用		
折旧前利润		
折旧		
支付利息前利润		
财务收入/支出		
其他收入/支出		
税前利润		
所得税		
净利润		

资产负债表

资产	期初数	期末数	负债和所有者权益	期初数	期末数
流动资产：			负债：		
现金			长期负债		
应收款			短期负债		
在制品			应付账款		
成品			应交税金		
原料			负债合计		
流动资产合计					
固定资产：			所有者权益：		
土地和建筑			股东资本		
机器与设备			利润留存		
在建工程			年度净利		
固定资产合计			所有者权益合计		
资产总计			负债和所有者权益总计		

第四年

任务清单 请按顺序执行下列各项操作	每执行完一项操作，CEO 请在相应的方格内打钩，财务总监（助理）在方格中填写现金收支情况。			
新年度规划会议				
参加订货会/登记销售订单				
制订新年度计划				
支付应付税				
季初现金盘点（请填余额）				
更新短期贷款/还本付息/申请短期贷款（高利贷）				
更新应付款/归还应付款				
原材料入库/更新原料订单				
下原料订单				
更新生产/完工入库				
投资新生产线/变卖生产线/生产线转产				
向其他企业购买原材料/出售原材料				
开始下一批生产				
更新应收款/应收款收现				
出售厂房				
向其他企业购买成品/出售成品				
按订单交货				
产品研发投资				
支付行政管理费				
其他现金收支情况登记				
支付利息/更新长期贷款/申请长期贷款				
支付设备维护费				
支付租金/购买厂房				
计提折旧				
新市场开拓/ISO 资格认证投资				
结账				
现金收入合计				
现金支出合计				
期末现金对账（请填余额）				

现金预算表

	1	2	3	4
期初库存现金				
支付上年应交税				
市场广告投入				
贴现费用				
利息（短期贷款）				
支付到期短期贷款				
原料采购支付现金				
转产费用				
生产线投资				
工人工资				
产品研发投资				
收到现金前的所有支出				
应收款到期				
支付管理费用				
利息（长期贷款）				
支付到期长期贷款				
设备维护费用				
租金				
购买新建筑				
市场开拓投资				
ISO 认证投资				
其他				
库存现金金额				

要点记录

第一季度：____________________

第二季度：____________________

第三季度：____________________

第四季度：____________________

年底小结：____________________

订单登记表

订单号										合计
市场										
产品										
数量										
账期										
销售额										
成本										
毛利										
未售										

产品核算统计表

	P1	P2	P3	P4	合计
数量					
销售额					
成本					
毛利					

综合管理费用明细表

项　　目	金　　额	备　　注
管理费		
广告费		
维修费		
租金		
转产费		
市场准入开拓		□区域　□国内　□亚洲　□国际
ISO 资格认证		□ISO 9000　□ISO 14000
产品研发		P2（　）　P3（　）　P4（　）
其他		
合计		

利润表

项目	上年数	本年数
销售收入		
直接成本		
毛利		
综合费用		
折旧前利润		
折旧		
支付利息前利润		
财务收入/支出		
其他收入/支出		
税前利润		
所得税		
净利润		

资产负债表

资产	期初数	期末数	负债和所有者权益	期初数	期末数
流动资产：			负债：		
现金			长期负债		
应收款			短期负债		
在制品			应付账款		
成品			应交税金		
原料			负债合计		
流动资产合计					
固定资产：			所有者权益：		
土地和建筑			股东资本		
机器与设备			利润留存		
在建工程			年度净利		
固定资产合计			所有者权益合计		
资产总计			负债和所有者权益总计		

第五年

任务清单 请按顺序执行下列各项操作	每执行完一项操作，CEO 请在相应的方格内打钩，财务总监（助理）在方格中填写现金收支情况。			
新年度规划会议				
参加订货会/登记销售订单				
制订新年度计划				
支付应付税				
季初现金盘点（请填余额）				
更新短期贷款/还本付息/申请短期贷款（高利贷）				
更新应付款/归还应付款				
原材料入库/更新原料订单				
下原料订单				
更新生产/完工入库				
投资新生产线/变卖生产线/生产线转产				
向其他企业购买原材料/出售原材料				
开始下一批生产				
更新应收款/应收款收现				
出售厂房				
向其他企业购买成品/出售成品				
按订单交货				
产品研发投资				
支付行政管理费				
其他现金收支情况登记				
支付利息/更新长期贷款/申请长期贷款				
支付设备维护费				
支付租金/购买厂房				
计提折旧				
新市场开拓/ISO 资格认证投资				
结账				
现金收入合计				
现金支出合计				
期末现金对账（请填余额）				

现金预算表

	1	2	3	4
期初库存现金				
支付上年应交税				
市场广告投入				
贴现费用				
利息（短期贷款）				
支付到期短期贷款				
原料采购支付现金				
转产费用				
生产线投资				
工人工资				
产品研发投资				
收到现金前的所有支出				
应收款到期				
支付管理费用				
利息（长期贷款）				
支付到期长期贷款				
设备维护费用				
租金				
购买新建筑				
市场开拓投资				
ISO 认证投资				
其他				
库存现金金额				

要点记录

第一季度：________________________________

第二季度：________________________________

第三季度：________________________________

第四季度：________________________________

年底小结：________________________________

____

订单登记表

订单号										合计
市场										
产品										
数量										
账期										
销售额										
成本										
毛利										
未售										

产品核算统计表

	P1	P2	P3	P4	合计
数量					
销售额					
成本					
毛利					

综合管理费用明细表

项　　目	金　　额	备　　注
管理费		
广告费		
维修费		
租金		
转产费		
市场准入开拓		□区域　□国内　□亚洲　□国际
ISO 资格认证		□ISO 9000　□ISO 14000
产品研发		P2（　）　P3（　）　P4（　）
其他		
合计		

利润表

项目	上年数	本年数
销售收入		
直接成本		
毛利		
综合费用		
折旧前利润		
折旧		
支付利息前利润		
财务收入/支出		
其他收入/支出		
税前利润		
所得税		
净利润		

资产负债表

资产	期初数	期末数	负债和所有者权益	期初数	期末数
流动资产：			负债：		
现金			长期负债		
应收款			短期负债		
在制品			应付账款		
成品			应交税金		
原料			负债合计		
流动资产合计					
固定资产：			所有者权益：		
土地和建筑			股东资本		
机器与设备			利润留存		
在建工程			年度净利		
固定资产合计			所有者权益合计		
资产总计			负债和所有者权益总计		

第六年

任务清单 请按顺序执行下列各项操作	每执行完一项操作，CEO 请在相应的方格内打钩，财务总监（助理）在方格中填写现金收支情况。			
新年度规划会议				
参加订货会/登记销售订单				
制订新年度计划				
支付应付税				
季初现金盘点（请填余额）				
更新短期贷款/还本付息/申请短期贷款（高利贷）				
更新应付款/归还应付款				
原材料入库/更新原料订单				
下原料订单				
更新生产/完工入库				
投资新生产线/变卖生产线/生产线转产				
向其他企业购买原材料/出售原材料				
开始下一批生产				
更新应收款/应收款收现				
出售厂房				
向其他企业购买成品/出售成品				
按订单交货				
产品研发投资				
支付行政管理费				
其他现金收支情况登记				
支付利息/更新长期贷款/申请长期贷款				
支付设备维护费				
支付租金/购买厂房				
计提折旧				
新市场开拓/ISO 资格认证投资				
结账				
现金收入合计				
现金支出合计				
期末现金对账（请填余额）				

现金预算表

	1	2	3	4
期初库存现金				
支付上年应交税				
市场广告投入				
贴现费用				
利息（短期贷款）				
支付到期短期贷款				
原料采购支付现金				
转产费用				
生产线投资				
工人工资				
产品研发投资				
收到现金前的所有支出				
应收款到期				
支付管理费用				
利息（长期贷款）				
支付到期长期贷款				
设备维护费用				
租金				
购买新建筑				
市场开拓投资				
ISO 认证投资				
其他				
库存现金金额				

要点记录

第一季度：______________________

第二季度：______________________

第三季度：______________________

第四季度：______________________

年底小结：______________________

____

订单登记表

订单号									合计
市场									
产品									
数量									
账期									
销售额									
成本									
毛利									
未售									

产品核算统计表

	P1	P2	P3	P4	合计
数量					
销售额					
成本					
毛利					

综合管理费用明细表

项　　目	金　　额	备　　注
管理费		
广告费		
维修费		
租金		
转产费		
市场准入开拓		□区域　□国内　□亚洲　□国际
ISO 资格认证		□ISO 9000　□ISO 14000
产品研发		P2（　）P3（　）P4（　）
其他		
合计		

利润表

项目	上年数	本年数
销售收入		
直接成本		
毛利		
综合费用		
折旧前利润		
折旧		
支付利息前利润		
财务收入/支出		
其他收入/支出		
税前利润		
所得税		
净利润		

资产负债表

资产	期初数	期末数	负债和所有者权益	期初数	期末数
流动资产：			负债：		
现金			长期负债		
应收款			短期负债		
在制品			应付账款		
成品			应交税金		
原料			负债合计		
流动资产合计					
固定资产：			所有者权益：		
土地和建筑			股东资本		
机器与设备			利润留存		
在建工程			年度净利		
固定资产合计			所有者权益合计		
资产总计			负债和所有者权益总计		

附录B 市 场 预 测

这是由一家权威的市场调研机构对未来六年里各个市场所做的预测，应该说有着很高的可信度。但根据这一预测进行企业的经营运作，其后果将由各企业自行承担。

P1 产品是目前市场上的主流产品，P2 是 P1 的技术改良产品，也比较容易获得大众的认同；P3 和 P4 产品作为 P 系列产品的高端产品，各个市场对它们的认同度不尽相同，需求量与价格也会有较大的差异。

本地市场 P 系列产品需求量预测如图 1 所示。本地市场产品价格预测如图 2 所示。

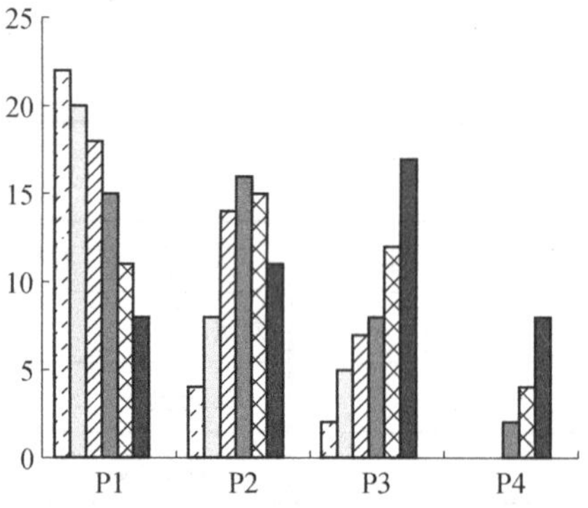

图 1　本地市场 P 系列产品需求量预测

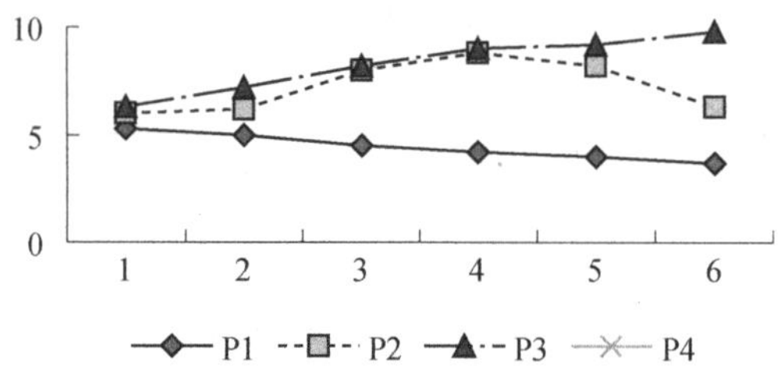

图 2　本地市场产品价格预测

本地市场将会持续发展，客户对低端产品的需求可能要下滑。伴随着需求的减少，低端产品的价格很有可能会逐步走低。后几年，随着高端产品的成熟，市场对 P3、P4 产品的需求将会逐渐增大。同时随着时间的推移，客户的质量意识将不断提高，后几年可能会对厂商是否通过了 ISO 9000 认证和 ISO 14000 认证有更多的要求。

区域市场 P 系列产品需求量预测如图 3 所示。区域市场产品价格预测如图 4 所示。

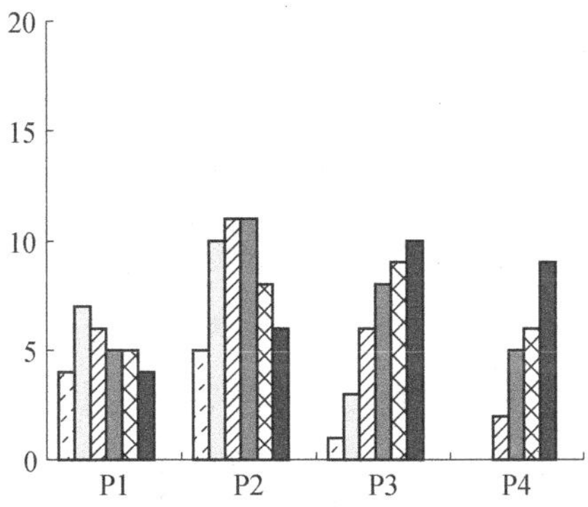

图 3　区域市场 P 系列产品需求量预测

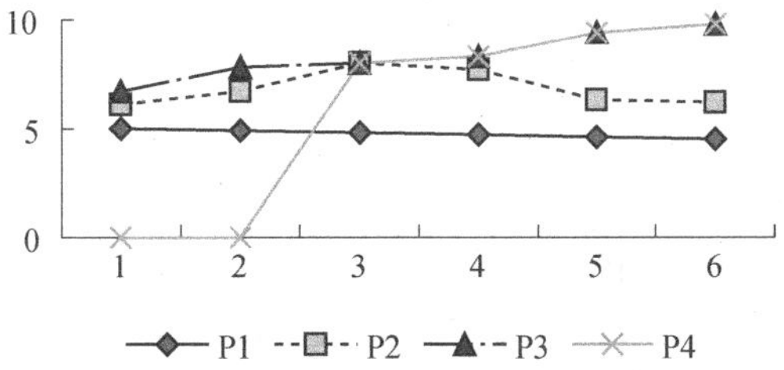

图 4　区域市场产品价格预测

区域市场的客户对 P 系列产品的喜好相对稳定，因此市场需求量的波动也很有可能会比较平稳。因其紧邻本地市场，所以产品的需求量的走势可能与本地市场相似，价格趋势也应大致相同。该市场的客户比较乐于接受新的事物，因此对于高端产品也会比较有兴趣，但由于受到地域的限制，该市场的需求总量非常有限。并且这个市场的客户相对比较挑剔，因此在后几年客户会对厂商是否通过了 ISO 9000 认证和 ISO 14000 认证有较高的要求。

国内市场 P 系列产品需求量预测如图 5 所示。国内市场产品价格预测如图 6 所示。

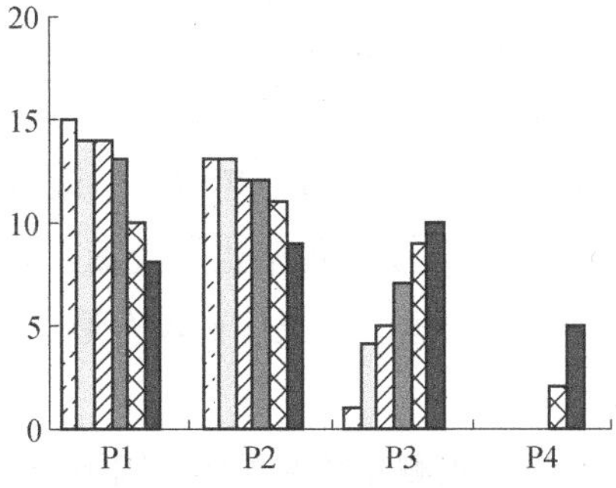

图 5　国内市场 P 系列产品需求量预测

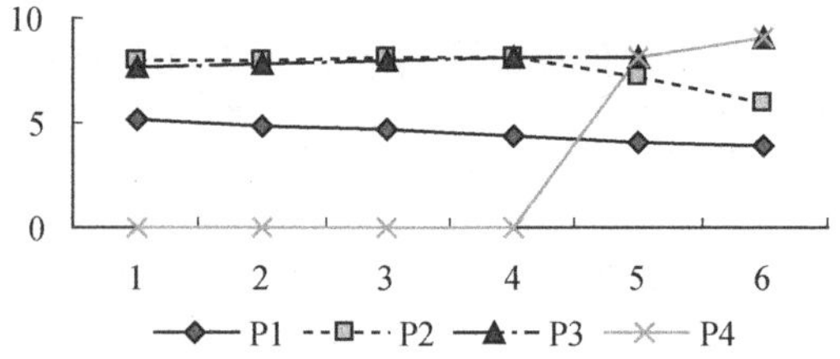

图 6　国内市场产品价格预测

因 P1 产品带有较浓的地域色彩，估计国内市场对 P1 产品不会有持久的需求。但 P2 产品因为更适合国内市场，所以估计需求会一直比较平稳。随着对 P 系列产品新技术的逐渐认同，估计对 P3 产品的需求会发展较快，但这个市场上的客户对 P4 产品却并不是那么认同。当然，对于高端产品来说，客户一定会更注重产品的质量。

亚洲市场 P 系列产品需求量预测如图 7 所示。亚洲市场产品价格预测如图 8 所示。

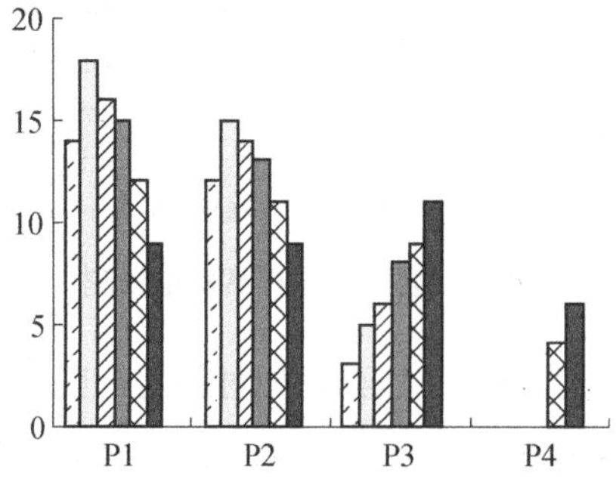

图 7　亚洲市场 P 系列产品需求量预测

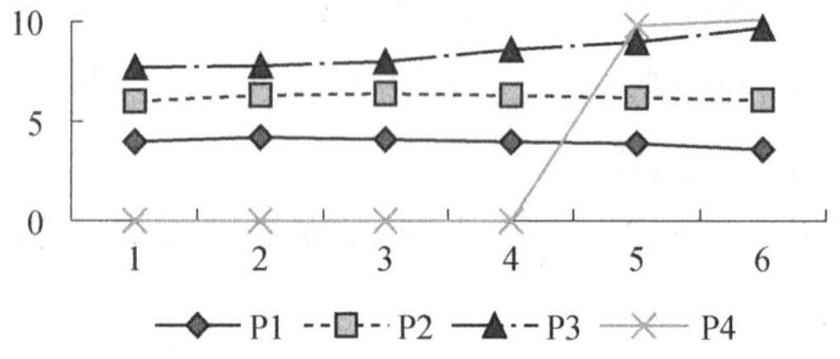

图 8　亚洲市场产品价格预测

这个市场上的客户喜好一向波动较大，不易把握，所以对 P1 产品的需求可能起伏较大，估计 P2 产品的需求走势也会与 P1 相似。但该市场对新产品很敏感，因此估计对 P3、P4 产品的需求会发展较快，价格也比较贵。另外，这个市场的消费者很看重产品的质量，所以在今后几年里，如果厂商没有通过 ISO 9000 和 ISO 14000 认证，其产品可能很难销售。

国际市场 P 系列产品需求量预测如图 9 所示。国际市场产品价格预测如图 10 所示。

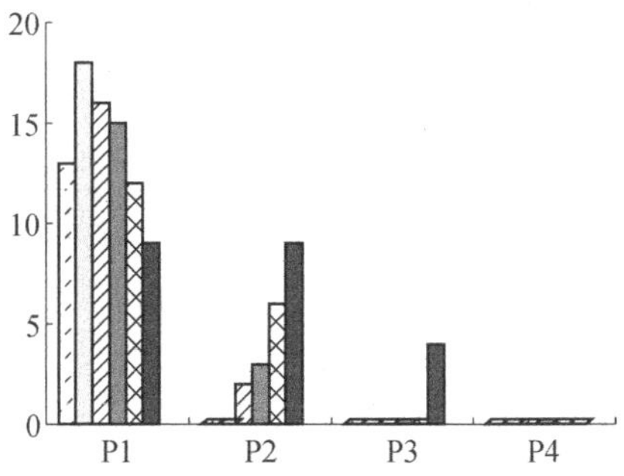

图9 国际市场P系列产品需求量预测

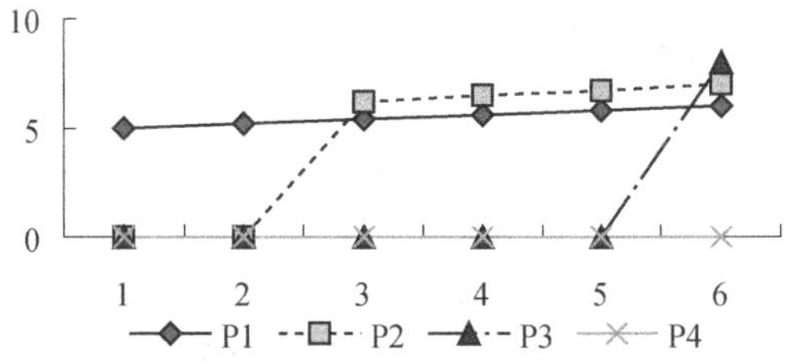

图10 国际市场产品价格预测

进入国际市场可能需要一个较长的时期。有迹象表明，目前这一市场上的客户对P1产品已经有所认同，需求也会比较大。对于P2产品，客户将会谨慎地接受，但仍需要一段时间才能被市场所接受。对于新兴的技术，这一市场上的客户将会以观望为主，因此对于P3和P4产品的需求将会发展极慢。因为产品需求主要集中在低端，所以客户对于ISO的要求并不如其他几个市场那么高，但也不排除在后期会有这方面的要求。

附录C 教学用表

原材料采购登记表

第1年	1季度				2季度				3季度				4季度			
原材料	R1	R2	R3	R4	R1	R2	R3	R4	R1	R2	R3	R4	R1	R2	R3	R4
订购数量																
采购入库																
第2年	1季度				2季度				3季度				4季度			
原材料	R1	R2	R3	R4	R1	R2	R3	R4	R1	R2	R3	R4	R1	R2	R3	R4
订购数量																
采购入库																
第3年	1季度				2季度				3季度				4季度			
原材料	R1	R2	R3	R4	R1	R2	R3	R4	R1	R2	R3	R4	R1	R2	R3	R4
订购数量																
采购入库																
第4年	1季度				2季度				3季度				4季度			
原材料	R1	R2	R3	R4	R1	R2	R3	R4	R1	R2	R3	R4	R1	R2	R3	R4
订购数量																
采购入库																
第5年	1季度				2季度				3季度				4季度			
原材料	R1	R2	R3	R4	R1	R2	R3	R4	R1	R2	R3	R4	R1	R2	R3	R4
订购数量																
采购入库																
第6年	1季度				2季度				3季度				4季度			
原材料	R1	R2	R3	R4	R1	R2	R3	R4	R1	R2	R3	R4	R1	R2	R3	R4
订购数量																
采购入库																

市场开发登记表

年度	本地市场	区域市场	国内市场	亚洲市场	国际市场	完成
第一年						
第二年						
第三年						
第四年						
第五年						
第六年						

产品开发登记表

年度	P1	P2	P3	P4	合计	完成
第一年						
第二年						
第三年						
第四年						
第五年						
第六年						

ISO 认证投资登记表

年度	第一年	第二年	第三年	第四年	第五年	第六年
ISO 9000						
ISO 14000						
合计						
完成						

贷款申请表

融资类别	第 1 年				第 2 年			
	一季度	二季度	三季度	四季度	一季度	二季度	三季度	四季度
短贷								
长贷								
高利贷								
还款								

融资类别	第 3 年			
	一季度	二季度	三季度	四季度
短贷				
长贷				
高利贷				
还款				

第 4 年			
一季度	二季度	三季度	四季度

融资类别	第 5 年			
	一季度	二季度	三季度	四季度
短贷				
长贷				
高利贷				
还款				

第 6 年			
一季度	二季度	三季度	四季度

广告竞单表

第一年			第二年			第三年			第四年			第五年			第六年		
市场	广告	金额	市场	广告	金额	市场	广告	金额	市场	广告	金额	市场	广告	金额	市场	广告	金额
本地市场	P1		本地市场	P1		本地市场	P1		本地市场	P1		本地市场	P1		本地市场	P1	
	P2			P2			P2			P2			P2			P2	
	P3			P3			P3			P3			P3			P3	
	P4			P4			P4			P4			P4			P4	
	ISO 9000			ISO 9000			ISO 9000			ISO 9000			ISO 9000			ISO 9000	
	ISO 14000			ISO 14000			ISO 14000			ISO 14000			ISO 14000			ISO 14000	
区域市场	P1		区域市场	P1		区域市场	P1		区域市场	P1		区域市场	P1		区域市场	P1	
	P2			P2			P2			P2			P2			P2	
	P3			P3			P3			P3			P3			P3	
	P4			P4			P4			P4			P4			P4	
	ISO 9000			ISO 9000			ISO 9000			ISO 9000			ISO 9000			ISO 9000	
	ISO 14000			ISO 14000			ISO 14000			ISO 14000			ISO 14000			ISO 14000	
国内市场	P1		国内市场	P1		国内市场	P1		国内市场	P1		国内市场	P1		国内市场	P1	
	P2			P2			P2			P2			P2			P2	
	P3			P3			P3			P3			P3			P3	
	P4			P4			P4			P4			P4			P4	
	ISO 9000			ISO 9000			ISO 9000			ISO 9000			ISO 9000			ISO 9000	
	ISO 14000			ISO 14000			ISO 14000			ISO 14000			ISO 14000			ISO 14000	
亚洲市场	P1		亚洲市场	P1		亚洲市场	P1		亚洲市场	P1		亚洲市场	P1		亚洲市场	P1	
	P2			P2			P2			P2			P2			P2	
	P3			P3			P3			P3			P3			P3	
	P4			P4			P4			P4			P4			P4	
	ISO 9000			ISO 9000			ISO 9000			ISO 9000			ISO 9000			ISO 9000	
	ISO 14000			ISO 14000			ISO 14000			ISO 14000			ISO 14000			ISO 14000	
国际市场	P1		国际市场	P1		国际市场	P1		国际市场	P1		国际市场	P1		国际市场	P1	
	P2			P2			P2			P2			P2			P2	
	P3			P3			P3			P3			P3			P3	
	P4			P4			P4			P4			P4			P4	
	ISO 9000			ISO 9000			ISO 9000			ISO 9000			ISO 9000			ISO 9000	
	ISO 14000			ISO 14000			ISO 14000			ISO 14000			ISO 14000			ISO 14000	

参考文献

［1］王新玲. ERP 沙盘模拟高级指导教程［M］. 北京：清华大学出版社，2009.

［2］刘平. 企业经营沙盘模拟实训手册［M］. 北京：清华大学出版社，2010.

［3］李超. ERP 企业经营模拟实训［M］. 西安：西北工业大学出版社，2012.

［4］葛颖波. 企业经营 ERP 沙盘实训教程［M］. 北京：北京大学出版社，2013.

［5］勾景秀. 企业经营 ERP 沙盘实战教程［M］. 北京：中国人民大学出版社，2012.

［6］徐建华. 企业模拟经营：ERP 商业沙盘实训教程［M］. 成都：西南交通大学出版社，2011.

［7］邓文博. ITMC 企业经营决策沙盘模拟实训教程［M］. 北京：中国水利水电出版社，2013.

［8］董红杰. 企业经营 ERP 沙盘应用教程［M］. 北京：北京大学出版社，2012.

［9］余国艳. 企业经营沙盘模拟实训［M］. 北京：清华大学出版社，2012.

［10］刘洪玉. 企业经营模拟原理及 ERP 沙盘实训教程［M］. 北京：清华大学出版社，2013.